湛庐CHEERS

与最聪明的人共同进化

HERE COMES EVERYBODY

理疾病好发于 35 岁以下的年轻群体，对
的生活往往会产生极大的影响。正因如此，
病发生早期，我们就应该察觉、重视，并积
入治疗，这样才更有利于治愈病症。为了做
一点，我们必须掌握有关心理疾病的知识。
文部科学省[①]等部门一直呼吁，让青少年成
神科医生的“朋友”，在课堂上学习有关心
疾病的知识。

2022 年 4 月起生效的日本新版《学习指导要
》明确要求，高中老师须在体育健康课上讲授
理疾病的知识。可以说，这是一个巨大的进步。

除了高中生本人，他们身边的人如果也能对
理疾病抱有正确的认识，那么全社会就能很
对这类疾病有更深刻的理解。我写本书的目的
是希望高中生在对课程内容有更深刻理解的同时，
他们的父母和老师也能一起学习这方面的内容。

① 相当于我国的教育部、科学技术部、文化和旅游部的总和。——译者注

帮孩子疏解小情绪，远离大烦恼

［日］水野雅文　著
吴　勐　译

心の病気にかかる子どもたち

浙江科学技术出版社

你了解青少年的心理吗?

扫码激活这本书
获取你的专属福利

- 心理疾病是内心脆弱的人才会患的病吗?

  A. 是

  B. 否

- 心理疾病确诊后，意味着很难治愈吗?

  A. 是

  B. 否

扫码获取全部
测试题及答案，
一起了解如何
帮孩子调节情绪，
远离心理疾病

- 在日本，大多数心理疾病患者都是在学生时代发病的。这是真的吗?

  A. 真

  B. 假

扫描左侧二维码查看本书更多测试题

青少年心理疾
刻不容

自 1986 年从医学院毕业
多年的精神科医生。其间，我
病[1]的患者和患者家属。在这
想着力研究的就是心理疾病的早
疗，也就是心理疾病的预防。

---

① 在日本，心理疾病和精神疾病是相同的概念，
疾病”。同理，医院的精神科和心理科的规范名
为方便大众理解，本书将此类疾病统称为“心理

本书的内容如下：

第一章选取了人们对心理疾病的常见误解，介绍了有关心理疾病的基本情况。

第二章在第一章的基础上进行了更详细的阐述，解释了如今的年轻人应该学习心理疾病相关知识的原因，以及日本社会的一些现状。

第三章介绍了心理疾病的本质。

第四章介绍了四种高发的心理疾病，总结了它们的发病原因、症状和治疗方法等，同时也讲到了年轻群体普遍存在的手机成瘾、游戏成瘾等问题。

第五章采用一问一答的形式，回答了笔者本人、朋友、父母、教师关注的心理疾病方面的问题。

我真切地认为，人们之所以容易对心理疾病产生各种各样的误解，其中一个原因就是专家没有进行足够的相关知识普及。如果本书能够对大家有所助益，让更多人充分、准确地掌握相关知识，我将不胜荣幸。

目 录

第二章 我们为什么应该了解心理疾病 023

第三章 心理疾病到底是什么 049

第四章 青春期的常见心理疾病 081

第五章 我们能做什么呢 127

第一章

关于心理疾病，你有过这样的误解吗

误解 1

心理疾病是极少数人患的特殊疾病

谁都可能会得的疾病

在众多疾病中，心理疾病的发病率并不低，是很多人都会得的一类疾病。

日本厚生劳动省[①]每 3 年对心理疾病患者进行一次调查，调查结果显示，2011 年日本的心

① 厚生劳动省：日本负责医疗卫生和社会保障的部门。——编者注

理疾病患者约有 322 万人，2014 年约有 396 万人，2017 年约有 415 万人，人数一直持续增长。其中，大多数人罹患的是抑郁症、焦虑症和精神分裂症。这还只是前往医疗机构就诊的患者人数，如果再算上从未就诊和中途停止治疗的患者，这个数字就更惊人了。

国际上以抑郁症和焦虑症为主要对象进行的流行病学调查结果显示，日本人的终生患病率[①]约为 25%。也就是说，在日本，每 4 人中就会有 1 人患上抑郁症或焦虑症之类的心理疾病。这个调查还不包括精神分裂症等其他类型的心理疾病，否则，终生患病率会更高。

显然，心理疾病是很多人都会得的疾病。

① 终生患病率：一生中患上某种疾病的人群比例。——译者注

在日本，每 4 人中就会有 1 人在一生中患上一次抑郁症或焦虑症之类的心理疾病。

误解 2

心理疾病是成年人才会患的疾病

大多数患者在年轻时期发病

每种疾病都有相应的好发年龄，即在某个年龄阶段的发病率尤其高。心理疾病的好发年龄为 35 岁之前。相关调查显示，接受调查者中半数是在 14 岁之前患病的，七成以上是在 25 岁之前患病的。

因此，多数患者是在小学、初中、高中及大

学期间，即学生时代发病的。

精神分裂症在年轻群体中的患病率极高，在日本，大约每 120 人中就有 1 人患此疾病，好发年龄为 15 ～ 35 岁，其中约 80% 的患者会在 30 岁前发病。

双相障碍、进食障碍，[①] 以及被归入焦虑症的惊恐障碍、强迫障碍、社交焦虑等，都好发于 10 多岁、20 多岁的青少年群体。

抑郁症则是更为常见的心理疾病，其患者的年龄段比较宽泛，于青春期、青年期发病的人不在少数。

---

① 双相障碍是以躁狂和抑郁交替发作为临床特征的心理障碍；进食障碍是以严重的进食态度及行为为特征的心理障碍。——编者注

在心理疾病患者中，七成多在 25 岁之前患病，10 多岁发病的患者也不在少数。

误解 3

心理疾病
是内心脆弱的人才会
患的疾病

并非由于内心脆弱而导致发病

或许是因为“心理疾病”这一叫法，导致许多人误认为患者是由于内心脆弱才患上心理疾病的。

有些患者因为抱有这种想法而自责，还有些患者的家属和周围人会认为患者“坚强一点儿，疾病就自愈了”，所以不断催促，甚至逼迫患者战胜“心理疾病”。

事实上，心理疾病是由于患者大脑构造或功能出现了问题，无法完好地控制自己的行为和情感而导致的，是一种脑功能障碍。

出现脑功能方面的障碍后，患者很容易产生心理压力，再加上其他原因，最终发病。患者通常会表现出情绪低落、疲劳乏力等外在症状，因此人们把它叫作“心理疾病”。

心理压力只是心理疾病众多发病诱因中的一个，心理疾病绝非只是由于内心脆弱或生活环境导致的。当然，它也并不仅仅是由于父母的养育方式不当而引发的。

看似坚强的人，也同样可能患上心理疾病。

误解　4

心理疾病
患者都很危险

请理解心理疾病

在一些暴力事件发生时，新闻报道中有时会提到“犯罪分子曾患心理疾病”，没有相关常识的人常常会得出“心理疾病患者更容易做出出格的事”的错误结论。

实际上，很多心理健康的人也会犯罪，心理疾病绝不是导致一个人犯罪的主要原因。

心理疾病患者经常会没来由的情绪失控，如突然发怒，因此给周围的人留下了上述印象。

如今，相关机构及专家已经成功研制出了多种特效药物，治疗手段也取得了长足的进步，可以很好地抑制心理疾病。

但心理疾病患者在康复后，仍在经受着社会对此类疾病根深蒂固的偏见和误解。为改变这种状况，越来越多的知名人士在公开场合谈论自己曾患心理疾病的经历。如果人们都能正确地看待心理疾病，对此类疾病的偏见和误解就会大大减少。

即使你知道某人的某些奇怪行为只是其心理疾病的症状，你仍然会下意识地疏远这个人吧！

误解 5

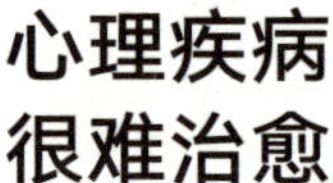

心理疾病很难治愈

尽早干预治疗是可能痊愈的

目前，人们已研发出了治疗各类心理疾病的特效药物。针对具体病因，患者接受及时、准确的治疗后，症状都可以得到改善。但由于心理疾病容易复发，在症状消失后，有些患者仍需持续观察，坚持服药。因此对于心理疾病患者，我们很少使用“治愈”一词。

然而，多数患者的病情都可以得到很好的控制，患者的日常生活也会恢复到与发病前一样。

心理疾病患者越早接受治疗，病情就越容易得到控制。多数患者在发病前会出现失眠、焦虑、倦怠、意欲低下等症状，如果能尽早察觉出这些症状，并施以正确的治疗和看护，就能够防止真正发病。

如果你感觉到身体出现了上述症状，请尽早去精神科就诊，这一点很重要。

越早接受治疗，病情就越容易得到改善，因此，早期发现很重要。

误解 6

一旦患上心理疾病，人生就从此完蛋了

通过治疗和社会帮助，心理疾病患者完全可以回归社会

心理疾病患者在早期接受恰当的治疗后，其病情是可以得到改善的。虽然在康复后仍要防止复发，但有不少患者能很好地控制住病情，过上与患病前一样的生活。

虽然有些患者的病情未能得到较好的控制，

独立生活仍有困难，但如果社会为他们提供各种各样的帮助，多数人也能回归校园或职场。

心理疾病好发于年轻人，但因为他们要在将来回归社会，所以常常会感到不安，担心自己不得不放弃未来的职业。比如，如果患者的工作压力过大，就可能因为较高的疾病复发率而被迫改变人生轨迹。

其实，在经历疾病后，利用新的人生感悟来重新规划适合自己的人生也是不错的选择！

心理疾病患者也能过上与患病前一样的生活。

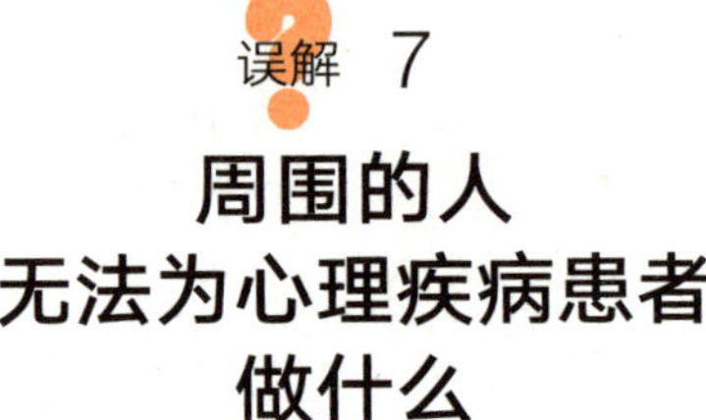

误解 7

周围的人无法为心理疾病患者做什么

树立正确的认知

心理疾病患者早期感受到的异常症状都是平时很常见的不适症状，因此很难判断自己是否患了心理疾病。

有报告指出，从患者开始出现明显症状到去精神科就诊，这一过程通常要花 5 ～ 6 个月的时间，这往往会导致患者错失最佳治疗时机。

延迟就诊的其中一个原因，就是社会对心理疾病患者的偏见和误解。

如果一个人患上心理疾病就被贴上“很难治愈”“无法回归社会”“药罐子”“很危险”这样的标签，患者即使觉察到了相关症状，也可能不愿意去医院就诊。

然而，如果人们能够了解心理疾病的相关知识，患者自己或周围的人就能在早期觉察到相关症状并及时去医院诊治，或许也就不再畏惧就医了。心理疾病患者在回归社会的过程中，周围亲友的理解和帮助是不可或缺的。

大家应正确地对待心理疾病患者，并将其视为己任，这一点很重要。

消除对心理疾病患者的偏见和误解，对整个社会而言非常重要。

第二章

我们为什么应该了解心理疾病

原因 1

心理疾病患者呈现明显增加趋势

各地前往精神科就诊的患者在逐年增加。日本厚生劳动省每 3 年进行一次的心理疾病患病情况的调查显示，1999 年，前往医疗机构就诊及住院接受治疗的患者约有 204 万人，2002 年约有 258 万人，2017 年增加为约 415 万人，是 2007 年的 1.6 倍左右（见图 2-1）。

2013 年，日本厚生劳动省将心理疾病与癌症、脑卒中、急性心肌梗死、糖尿病并列，将原来国民的“四大疾病”扩展为“五大疾病”。厚生劳动省将这五种疾病视为全国范围内广泛多发的疾病，并要求各地区制定出针对五大疾病的预防、治疗和康复的重点对策。

新冠疫情期间，人们的户外活动量减少，心理压力增大，引发了严重的“新冠抑郁”现象，这也成为人们关注的话题。然而，目前有关心理疾病患者的最新调查数据统计于新冠疫情开始之前，可见即便没有新冠疫情，患者数量依然呈现上升趋势。

心理疾病是多种疾病的统称，其中哪些疾病较为多发呢？根据 2017 年就诊患者的疾病统计数据，高发的心理疾病分别为抑郁症、焦虑症和精神分裂症。抑郁症患者人数是 2002 年的 1.8 倍，焦虑症约为 1.7 倍，精神分裂症约为 1.1 倍（见图 2-1）。

目前，针对青少年心理疾病患者的大规模调查还无法开展。因为许多青少年患者没有前往医疗机构就诊，所以相关机构尚未得到准确的数据，无法确立系统的预防和治疗方案。

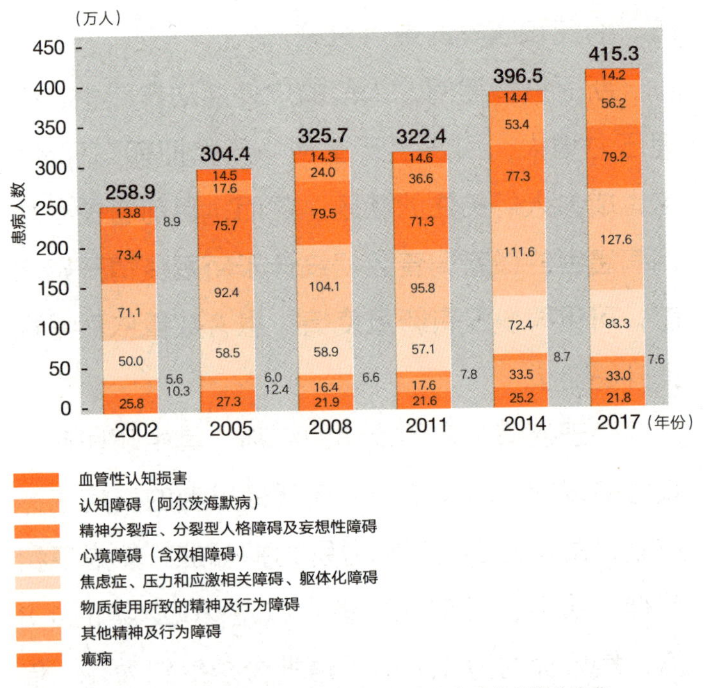

图 2-1　2002—2017 年日本心理疾病患者总数的变化

注：①以上图注按照条形图由上至下顺序排列。

② 2011 年的调查中未包括宫城县部分地区和福岛县。

资料来源：该图由日本厚生劳动省障害保健福祉部根据厚生劳动省开展的患者调查汇总，内容有改动。

原因 2

心理疾病
就在我们身边

许多人认为心理疾病是特殊疾病，只有极少数人会患上这类疾病。然而，近年来，精神科诊所、心理咨询室、减压门诊等，被冠以各种名称的精神科医疗机构不断增加，认为心理疾病是“罕见病”的观念正在逐渐转变。

那么，日本人罹患心理疾病的概率有多大呢？前面提到的厚生劳动省的相关调查，其统计的是当年因心理疾病去医疗机构就诊或住院的患者人数，若算上没有就医的患者，实际数量会更多。

全球流行病学调查研究显示，每 4 个日本人中就会有 1 人在一生中患上某种心理疾病。如果一个家庭有 4 口人，其中就会有 1 人患上心理疾病。除了你自己，你的家人、学校的同学、职场的同事，谁都有可能患上心理疾病——这类疾病的发病频率就是如此之高。

抑郁症是发病率偏高的一类心理疾病，每100个日本人中就会有3～5人被确诊为抑郁症患者。向公众承认患有抑郁症的知名人士也不在少数。

然而，电视、报纸等媒体更倾向给大众传递心理疾病较为少见的信号。而事实是，以精神分裂症为例，每120人中就会有1人患上精神分裂症，这绝不是罕见病。

心理疾病是谁都有可能患的疾病，它就在我们身边，所以请务必把它当成与自己有关的事情，了解相关的知识。

原因 3

25 岁以下心理疾病患者占比达 75%

心理疾病的种类很多，每种疾病都有各自不同的好发年龄。其中，认知障碍多发于老年人，年龄越大，发病的概率就越大。

常见心理疾病的好发年龄几乎都在 50 岁以下（见图 2-2）。许多心理疾病，如进食障碍和精神分裂症等，发病高峰在十几岁、二十几岁。

研究显示，心理疾病患者有半数在 14 岁前发病，约 75% 在 25 岁前发病（见图 2-3）。换句话说，大多数心理疾病患者会在学生时代发病。

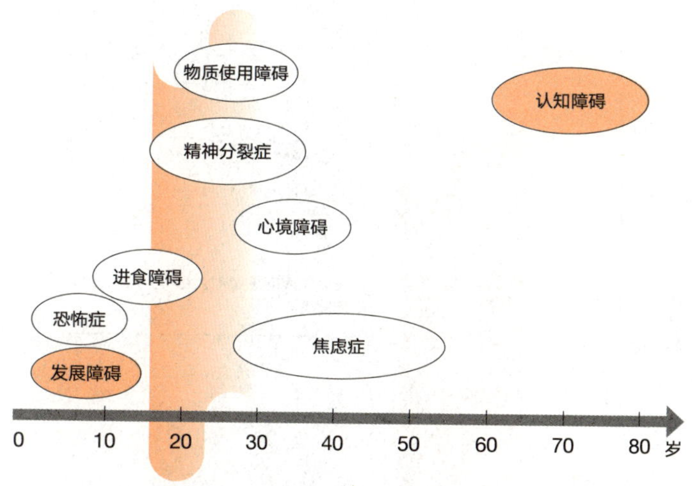

图 2-2　常见心理疾病的好发年龄

资料来源：Kessler et al. 2007。

14 岁的孩子正处于青春期，在心理上往往有着巨大的变化，待到 25 岁时又会面临升学深造或就业压力，进入全新的人生阶段。心理疾病的特征是治疗周期长，即便病情有所改善，也很容易复发，这就导致正在上学的青少年最终只能选择休学，从而给学习和生活带来巨大的负面影响。

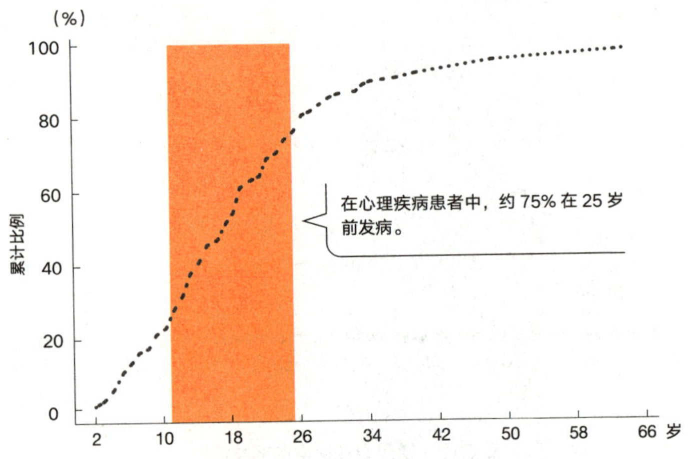

图 2-3　青春期是心理疾病的高发时期

资料来源：Kessler et al. 2007。

原因 4

心理疾病导致的自杀率明显提高

最近几年，日本的小学、初中、高中各阶段学生的自杀人数均有小幅增长的趋势。2016 年自杀人数为 289 人，2017 年为 315 人，2018 年为 333 人，2019 年为 339 人；2020 年，自杀人数激增到了 499 人。

在自杀人数增加的同时，青少年的总人数在逐年减少，这导致青少年的自杀率明显上升。与其他发达国家相比，自杀在日本青少年死因中的占比较高（见表 2-1 与表 2-2）。虽无精确的数据支持，但毋庸置疑的是，心理压力增加和生存困难等因素导致青少年群体中心理疾病患者增多，已成为青少年自杀率上升的原因之一。

表 2-1　2018 年日本各年龄阶段的死因排序及各死因的死亡人数、死亡率、占比

年龄阶段（岁）	第 1 位				第 2 位				第 3 位			
	死因	死亡人数（人）	死亡率（%）	占比（%）	死因	死亡人数（人）	死亡率（%）	占比（%）	死因	死亡人数（人）	死亡率（%）	占比（%）
10～14	恶性肿瘤	114	2.1	24.6	自杀	99	1.9	21.4	意外事故	65	1.2	14.0
15～19	自杀	503	8.7	44.0	意外事故	239	4.1	20.9	恶性肿瘤	111	1.9	9.7
20～24	自杀	1 045	17.5	52.1	意外事故	314	5.3	15.7	恶性肿瘤	160	2.7	8.0
25～29	自杀	1 059	18.0	47.8	意外事故	257	4.4	11.6	恶性肿瘤	240	4.1	10.8
30～34	自杀	1 235	18.5	39.7	恶性肿瘤	533	8.0	17.1	意外事故	304	4.5	9.8
35～39	自杀	1 288	17.2	27.9	恶性肿瘤	1 086	14.5	23.6	心脏疾病	420	5.6	9.1
40～44	恶性肿瘤	2 517	28.2	30.2	自杀	1 574	17.6	18.9	心脏疾病	911	10.2	10.9
45～49	恶性肿瘤	4 698	49.4	33.6	自杀	1 816	19.1	13.0	心脏疾病	1 719	18.1	12.3
50～54	恶性肿瘤	7 383	89.7	37.9	心脏疾病	2 436	29.6	12.5	自杀	1 854	22.5	9.5
55～59	恶性肿瘤	11 693	154.8	42.7	心脏疾病	3 348	44.3	12.2	脑血管疾病	2 008	26.6	7.3
60～64	恶性肿瘤	20 146	267.8	46.5	心脏疾病	5 328	70.8	12.3	脑血管疾病	2 958	39.3	6.8

注：死亡率为每 10 万人口中的死亡人数。
资料来源：该表摘自日本厚生劳动省自杀对策推进室发布的《人口动态统计》。

表 2-2　部分发达国家 15 ～ 34 岁的死因排序及各死因的死亡人数与死亡率

	日本（2015 年）			法国（2014 年）			德国（2015 年）			加拿大（2013 年）		
	死因	死亡人数（人）	死亡率（%）	死因	死亡人数（人）	死亡率（%）	死因	死亡人数（人）	死亡率（%）	死因	死亡人数（人）	死亡率（%）
第 1 名	自杀	4 132	16.3	意外事故	1 985	12.9	意外事故	1 724	9.0	意外事故	1 868	19.6
第 2 名	意外事故	1 633	6.4	自杀	1 224	7.9	自杀	1 426	7.5	自杀	1 012	10.6
第 3 名	恶性肿瘤	1 300	5.1	R00-R99①	966	6.3	恶性肿瘤	1 033	5.4	恶性肿瘤	513	5.4

	美国（2015 年）			英国（2015 年）			意大利（2015 年）			韩国（2015 年）		
	死因	死亡人数（人）	死亡率（%）	死因	死亡人数（人）	死亡率（%）	死因	死亡人数（人）	死亡率（%）	死因	死亡人数（人）	死亡率（%）
第 1 名	意外事故	34 005	38.7	意外事故	2 596	15.3	意外事故	1 342	10.5	自杀	2 237	16.3
第 2 名	自杀	12 438	14.1	自杀	1 255	7.4	恶性肿瘤	794	6.2	意外事故	1 152	8.4
第 3 名	谋杀	9 593	10.9	恶性肿瘤	1 060	6.3	自杀	530	4.1	恶性肿瘤	835	6.1

①属于《疾病和有关健康问题的国际统计分类（第十次修订版）》（ICD-10）第 18 章“症状、体征和临床与实验室异常所见，不可归类在他处者”的健康问题。
注：死亡率为每 10 万人口中的死亡人数。
资料来源：该表摘自日本厚生劳动省自杀对策推进室发布的资料（2018 年 9 月）。

日本文部科学省每年都会以小学、初中、高中各阶段的学生为对象推进《学生的问题行为：拒绝上学等关于学生指导的诸多问题的调查》。2019 年的调查结果显示，因心理疾病而自杀的青少年在初中生中占 8.8%，在高中生中占 9.5%。不管是初中生还是高中生，因心理疾病而自杀的比率已近一成。我们必须重视这一事实。

原因 5

不了解心理疾病，导致就医延迟

延迟就医的理由 1：疾病初始阶段很难察觉

对于心理疾病，很多人会有诸如“治不好”“一旦得上人生就完蛋了”等的错误认知。其实，如果能做到早期发现并及时接受治疗，患者完全可能康复。换句话说，心理疾病的早期发现和治疗非常重要。但目前的社会现状是，患者总是以各种各样的理由拖延就医。我在接诊初次就医的患者时，发现他们大都已经有很长一段时间感觉身体不舒服了。

心理疾病从发病到就医的这段时间被称为精神病未治疗期（见图 2-4），通过分析相关数据，我们可以发现绝大多数心理疾病患者并未及时就医。以年轻人好发的精神分裂症为例，精神分裂症的未治疗期中位数为 5 ～ 6 个月。未治疗期的计算是从患者感到明显的疾病症状，自觉疾病发生的时候开始的，而实际上，有不少患者在此之前就已经出现失眠、情绪持续烦躁等轻微症状了。也就是说，这些患者已经经历了很长一段忽视疾病未接受治疗的时间了。

一般来说，我们在开始流鼻涕、咳嗽时会意识到自己感冒了，在发热时会意识到自己可能得了流感，这时会选择静养或者就医。因为大家都熟知感冒或者流感的症状，都有过相关的体验，所以在出现症状时，大都知道如何应对。

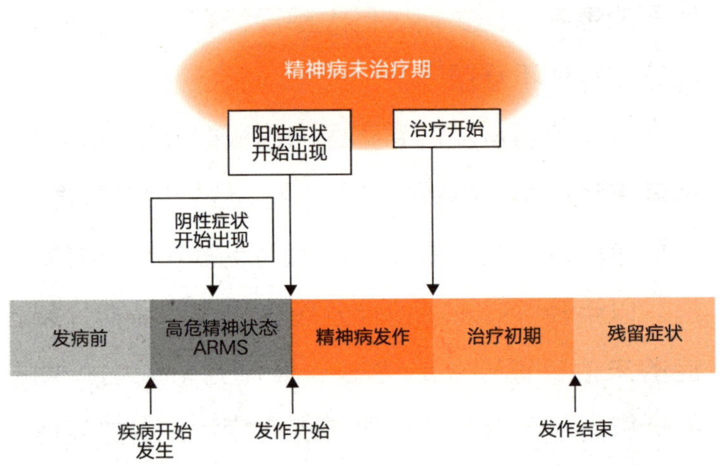

图 2-4　精神病未治疗期各阶段症状

注：因精神分裂症造成的大脑器质性变化会在发病后 2 ～ 5 年迅速发展，因此患者应尽早接受治疗。
资料来源：水野雅文、山泽凉子，Schizophrenia Frontier Vol.3 No.1 35-39，有改动。

对于心理疾病而言，患者有时候察觉不到心理疾病的症状。不过，病症绝非毫无迹象。患者不但自己的身体会有异常的感觉，他对周围环境的感受也会与平时不同。然而，许多人对心理疾病还是不太了解，因此也就难以将这类不适症状与心理疾病联系起来。

延迟就医的理由 2：偏见（病耻感）

对心理疾病存在偏见也是导致心理疾病患者拖延就医的一个重要原因。许多人对心理疾病抱有根深蒂固的偏见，认为罹患心理疾病是一种耻辱。究其根本，这种偏见还是来源于对心理疾病的了解不足。

心理疾病本是任何人都可能得的疾病，却总有人认为患者大都“内心脆弱”。实际上，如果能做到早期发现并接受规范的治疗，患者是完全可以恢复正常的。但是，依然还有不少人畏惧心理疾病，认为一旦得病就会“被缠一辈子”。同时，患者之间很少交流患病后就医的经验，也是心理疾病延误治疗的原因之一。

很多人认为得了心理疾病人生就完蛋了，因

此安慰自己不可能得这个病，而一旦去医院后被确诊，就不得不面对现实。害怕确诊——这是因为缺乏对心理疾病的正确认识而产生的偏见。正是这些偏见，阻止了患者及时就医。如果一直抱有这些偏见，患者即使察觉到了心理疾病的症状，也难以得到早期治疗。未治疗期拖得越久，疾病就越容易恶化，治疗起来也就越困难。

同时，为了让患者得到早期治疗，患者的家属、朋友、教师等周围人一旦察觉到其异常症状，就要催促其就医，这一点也很关键。而此时，患者往往要承受许多来自周围人的偏见与压力。

父母在发现孩子发热或其身体某处疼痛时，就会马上带孩子去医院看病，可在其症状疑似为心理疾病时，却普遍不愿承认自己的孩子会得“那样的疾病”，因而很少前往医院就诊。

在面对心理疾病患者时，朋友和老师也难以像面对其他疾病的患者那样，用轻松的语气说：“要不你去医院看看？”大多数人都明白自己不应该带有偏见或歧视，在主观上并不认为自己对心理疾病患者抱有偏见，而实际上却很难做到将心理疾病与其他疾病一视同仁，这就导致人们面对心理疾病患者时，很难做出自然的应对，不会对他们说：“不舒服的话就赶紧去医院看看吧！”

原因 6

时隔 40 年，心理疾病再入《学习指导要领》

心理疾病的特点之一是患者增多，且好发于年轻人。而正处于接受学校教育年龄的儿童、青少年却普遍认为自己不可能患心理疾病，没有正确掌握有关心理疾病的知识。

因此，从 2022 年开始，日本文部科学省在高中体育与健康课的《学习指导要领》中加入了与心理疾病相关的内容。《学习指导要领》是文部科学省为了让日本各地的学校保持统一的教学水平而设计的教育课程标准，规定了从小学到高中阶段各科目的教学目标和教学内容。孩子们使用的教科书，以及学习、生活作息，都要以这份要领为基准。

《学习指导要领》一般每 10 年会根据社会形势的变化修订一次。2022 年 4 月起生效的最新修订的高中版《学习指导要领》中加入了“心理疾病的预防与康复”内容，并要求将该内容纳入高中的体育与健康课程。

体育与健康课旨在让学生面对一些健康问题时能够及时发现并在必要时就诊，并掌握各种健康问题的应对方法。了解疾病的相关知识也是课程要求之一。比如有关癌症的知识，初中和高中阶段都有讲授，虽然相对来说这些病症与年轻人关系不大，但我们身处癌症高发的时代，掌握相关知识是十分必要的。心理疾病好发于年轻人，因此和癌症一样，也是学生需要了解的疾病。

事实上，《学习指导要领》并不是第一次收录心理疾病相关的内容，40 年前就收录过一次。

而后来之所以从《学习指导要领》中删除这部分内容，最主要的原因是当时需要教给学生的内容越来越多，在课时有限的条件下，只得删除优先级较低的内容。

然而近年来，不论是孩子还是成年人，罹患抑郁症、适应障碍等心理疾病的人日趋增多，许多工作单位也引入了心理压力测试，心理疾病“事不关己”的时代已经结束了。约 75% 的心理疾病患者在 25 岁前发病的严峻现实让我们必须相信，心理疾病成了一个与年轻人息息相关的问题。社会对心理疾病的偏见和误解很深，掌握这方面的相关知识迫在眉睫。

综上所述，有关心理疾病的知识是生活在现代社会中的孩子们理应掌握的内容，其优先级已经提升，所以被重新收录于《学习指导要领》。

原因 7

学校设置心理疾病学科的益处

约 75% 的心理疾病患者在 25 岁前发病。显然，待孩子们进入社会再学习心理疾病的相关知识为时已晚。如果在学校教育中掌握了心理疾病的知识，那么当 10 多岁、20 来岁的青少年出现心理疾病症状时，他们自己就能及时意识到。同时，当周围的同学或亲人出现相关症状时，他们也能够及早察觉。

前文也说过，对心理疾病抱有偏见或认知错误的人很多，这些人即便意识到了相关症状，也不一定会去精神科就医。而如果学校通过普及教育，让“心理疾病不是特殊疾病”的认识深入人心，相信人们去精神科就医的障碍就能够扫除，越来越多的人就能够获得早期治疗。

在心理疾病患者不断增多的当下，实施相关教育较为重要的时期应为孩子的青春期阶段，虽然最新的政策将相关知识纳入了高中体育与健康课的授课内容，但我依然认为从高中开始讲授这些知识为时过晚，应向初中、小学学生讲授相关内容。

在如今这个时代，人们很容易从互联网上获取各类知识，但将“重要的生存知识”通过官方渠道传授给公众依然很重要。精神卫生、心理疾病的知识就属于此类。通过学校这样的公共教育平台，让所有人平等地进行学习，意义重大。

高中阶段的体育与健康教育，绝非局限于让学生掌握与个人有关的健康知识。社会该如何重新接纳恢复健康的心理疾病患者，人们该如何与心理疾病患者共处，学校教育也应该让学生就这些问题进行更深刻的理解。

第三章

心理疾病到底是什么

关键 1

什么是心理疾病

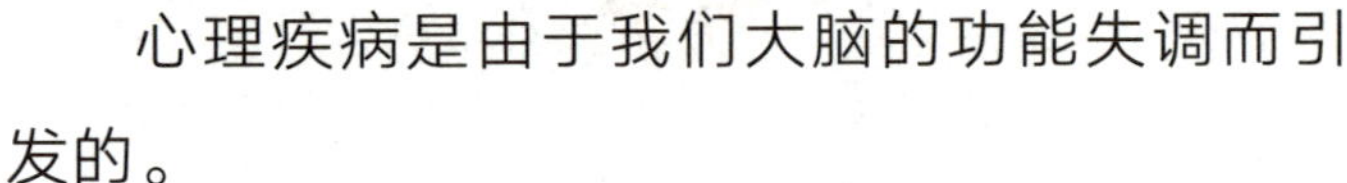

心理疾病是由于我们大脑的功能失调而引发的。

大脑相当于一位控制全身器官的司令官，除了对呼吸、心跳等生命活动发出指令，还要承担识别信息、思考、判断、控制情绪等许多工作。大脑控制着各个不同部位的信息传递，并形成信息网络，由此实现了复杂的心理功能（见图 3-1）。

心理疾病就是由于大脑的构造改变或功能失调，导致大脑无法胜任原本的工作，进而引发各种症状的一类疾病。因为承担情绪、感情等“心理”功能的是大脑，所以我们说心理疾病是心理的疾病，更是大脑的疾病。

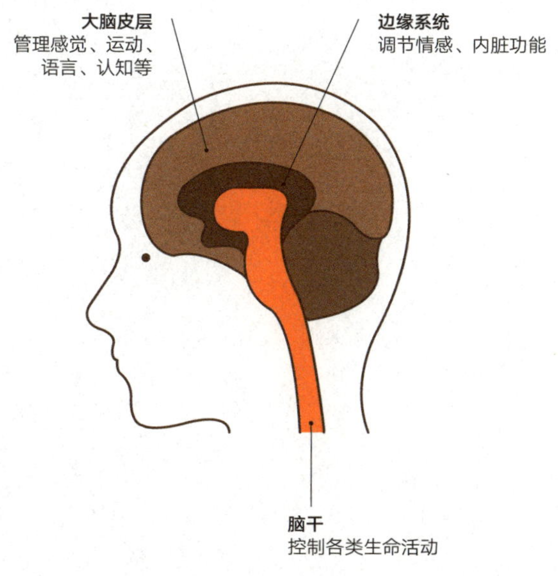

图 3-1　大脑的结构及功能

常见的心理疾病有很多种。人们对抑郁症、认知障碍较为熟知，除此之外，癫痫、精神分裂症、进食障碍、双相障碍、人格障碍、惊恐障碍与社交恐惧症、焦虑症、发展障碍、强迫症、睡眠 - 觉醒节律障碍，以及游戏成瘾、酒精成瘾或药物成瘾等，也都属于心理疾病。

关键 2

为什么会患心理疾病

大多数心理疾病的发病原因至今尚未确定。

综合目前的研究结果，人们认为心理疾病是由以下几个因素相互影响而引发的：①负责神经信号传导的神经递质发生异常；②性格因素；③成长环境；④目前所处的环境；⑤生活习惯；⑥应对压力的能力；⑦遗传因素。

需要注意的是，以上每一条都只是众多致病因素中的一个致病因素而已。

与此同时，青少年患心理疾病后，周围的成

年人常常责怪他们“都是因为内心脆弱才得病的”，经常强迫他们“锻炼意志力”，认为“根本不用吃药”。虽然应对压力的能力弱也是引发心理疾病的因素之一，但这里的“应对压力的能力弱”绝不是内心脆弱。心理疾病也是疾病，并不是靠锻炼意志力就能治愈的。在学习心理疾病的相关知识时，必须树立用现代科学了解心理活动机制的基本意识。

关键 3

心理疾病好发于青春期

在心理疾病中，除了认知障碍好发于高龄阶段，其余大多数心理疾病都好发于 10 多岁、20 来岁时。为什么这个年龄阶段是心理疾病的高发年龄呢？

青春期并不仅仅是孩子身体快速生长的时期。在这个阶段，孩子的性激素分泌增加，生理特征开始向成年人转变，在各方面都会发生巨大变化。青春期也是孩子容易出现健康问题的时期，不只是心理疾病，许多疾病都容易在这一时期暴发。

同时，青春期也是孩子不断接受社会影响、建立自我意识的时期，他们开始尝试与一直以来照料自己的家人拉开距离，更加重视朋友之间的相处，希望得到异性的关注，对周围事物的看法也会发生巨大的转变。

进入青春期后，孩子的大脑发育速度变缓，一般在 22 ～ 23 岁基本停止发育。也就是说，这个时期孩子的心理发育速度往往赶不上身体发育速度，两者之间会产生“错位”。正是这种“错位”，给正值青春期的孩子带来了巨大压力，而这种压力会影响他们生理和心理发育成熟之前的平衡。这是人们在青春期才会经历的一段特殊体验，也是心理疾病在这个年龄段高发的原因。

关键 4

为什么早发现、早治疗如此重要

越早发现疾病，治疗起来就越容易，癌症就是一个典型的例子。若在早期介入治疗，癌症患者就能保住性命，被治愈的可能性也会大大提高。

心理疾病和身体疾病一样，介入治疗的早晚影响治疗的难易程度和效果。举例来说，由精神分裂症造成的脑部病变会在发病后 2 ～ 5 年开始发展，因此在发病后应尽早（最迟 3 年内）接受治疗，这样才能达到比较理想的治疗效果。

抑郁症、焦虑症等脑部病变症状不明显的心理疾病也是一样，若能在早期得到正确的治疗，恢复起来就会更快。

若要做到尽早治疗，我们必须及早察觉到心理疾病的一些症状，并及时前往医疗机构就诊。例如，精神分裂症的早期表现是出现幻觉或妄想症状，抑郁症的早期表现是情绪持续低落，不管做什么事都无法让自己开心起来。如果你了解每种疾病的常规症状，就能更及时地察觉到疾病的发生（具体内容请参考第四章）。

上述症状是从疾病发生之后才开始出现的，而在发病前，许多人其实已经出现一些心理疾病的前期症状了。我们若了解这些前期症状，也能够尽量做到疾病的早期发现（请参考“心理疾病早期症状自查”表所列“问题清单”进行自查）。

心理疾病早期症状自查

请在符合的症状前打钩。

- □ 1 最近一周睡眠质量变差，频繁出现早醒的情况。
- □ 2 食欲不振或暴饮暴食，体重急剧减轻或增加。
- □ 3 最近 2 ～ 3 个月活力降低，对周围事物的兴趣减退。
- □ 4 经常为日常琐事烦恼。
- □ 5 在读书或看电视时无法集中注意力，容易忘事。
- □ 6 对未来看法悲观，时常有“活着不值得”或“想让一切结束”的想法。
- □ 7 与其他人相比，自己在众人面前更易激动。
- □ 8 出现过伴随强烈恐惧的心悸、出汗、颤抖、眩晕症状。
- □ 9 自己的行为被别人描述为“过于奇特、无法理解”。
- □ 10 周围没人却能听到人说话的声音，出现幻听症状。

资料来源:《心理疾病的全人治疗》(*Integrated Medical Health Care*)，1997，由水野雅文等人合译。

谈起心理疾病，我们常常会提到失眠、食欲不振、情绪低落、焦虑或烦躁、注意力低下等。这些不适症状其实也会出现在心理健康的人的日常生活中，但他们的这些不适症状是不会持续几周之久的。心理健康的人失眠的表现只是比平时睡眠质量差或醒来后稍有不舒服，感觉到不适后，调节起来也比较容易。

正因为心理疾病的这些症状与疲劳、状态不好时的身体不适症状类似，因此总有人会放任这些症状不管。在我询问心理疾病患者有没有出现这些症状时，他们都会说："要是这么说的话……"他们回想起来的所有症状虽都与心理疾病的症状相符合，最初却几乎没有人留意这些症状。

患者如果能捕捉到这些心理疾病超早期的不适症状，前往医疗机构接受正确的治疗，就完全有可能防止心理疾病的发生。

抑郁状态不等于抑郁症

近年来，“抑郁”一词被广泛运用，越来越多的人认为只要情绪低落就是得了抑郁症，不管出现什么精神方面的症状都往抑郁症方向引导，常常会利用上网搜集来的信息，自我诊断是否得了抑郁症。其实抑郁状态并不是抑郁症。

考试失利、与喜欢的人分手等受到刺激之后的情绪低落，这种情绪状态被称为抑郁状态。这是人在心理上针对刺激源做出的反应，只要引发心理刺激的刺激源消失，或被刺激者的心态有了转变，或者经过一段时间，应激反应逐渐缓和之后，情绪一般都能恢复正常。而抑郁症患者，即便刺激源消失，问题得以解决，情绪也难以恢复。他们甚至无法继续工作、上学，在日常生活中面临各种巨大障碍，患者必须接受治疗方能痊愈。

陷入抑郁状态是抑郁症的症状之一，但抑郁状态绝不等于抑郁症。

关键 5

心理疾病如何确诊

医院里专门诊断、治疗心理疾病的科室是精神科。精神科医生给病人做诊断的过程，与我们去其他科室就诊时医生做诊断的过程略有不同。比如，如果你因为腹痛前往内科就诊，医生通常会先问诊，比如腹部是从什么时候开始疼的，然后进行触诊，触摸你的腹部，最后会让你做 B 超、X 射线、CT 等影像学检查和血常规等化验检查。综合各种检查结果，医生才能确定患者所患的具体疾病。可以说，各种检查是诊断疾病不可或缺的工具。

但大多数心理疾病是无法从各种影像和化验检查结果中看出异常的。不论什么样的医疗器械，都无法窥探人的内心。

在精神科检查中，问诊是关键所在。通过问诊，医生会鼓励患者说出自己内心的感受。除了患者本人，患者家人对患者症状的描述也可作为重要参考。患者具体受到了哪些症状的困扰？这些症状是从什么时候开始的？做了怎样的处理？出现症状之前的生活是什么样的？在身体和心情上还有其他异常吗？精神科医生要搜集大量的相关信息，并利用这些信息来诊断疾病。

在精神科检查中，问诊是关键。通过问诊，医生会鼓励患者说出自己内心的感受。

关键 6

如何调整心态，前往精神科就诊

心理疾病一旦恶化，治疗就会变得困难，康复也要花费更长时间。因此，只要自己感觉到了异常，或周围人发现了你的异常，就需要尽早前往医院精神科进行检查。然而，很多人即使注意到自己出现了心理疾病症状，也迟迟不愿就医。有研究表明，受到心理疾病困扰，去医院就诊或做心理咨询的日本人占比还不到 20%。

就诊率如此低，原因之一就是人们对医院精神科抱有对心理疾病一样的偏见。

如果你碰到一个人双目红肿充血，一定会毫不犹豫地建议他去眼科就诊。但是，看到对方心理疾病的症状很明显时，很多人却往往难以启齿，劝他“快去精神科看看吧”。人们可能会认为“去精神科的全是疯子”“去了精神科，人生就完蛋了”，就算想法没有这么极端，也有不少人根本不想去了解精神科真正的样子。我希望能打消人们的这种想法，为创造一个人人都能没有负担地去精神科就医的社会环境尽一点点心力。

先去内科或儿科，然后转诊到精神科

精神科的诊室和候诊室，与普通内科的诊室和候诊室并没有什么区别。患了眼疾去眼科，耳朵或鼻子不适去耳鼻喉科，同理，患了精神方面的疾病应去精神科。

如果心里对医院精神科有所抵触，你可以先

去较为熟悉的内科或儿科就诊，然后再由医生帮忙转诊到精神科，或者前往心理诊所等名字中没有“精神科”字样的医疗机构就医。

近年来，开设儿童精神科、青春期精神科门诊等专门针对儿童及青少年患者的医院越来越多。也有不少医疗机构将精神科冠上了“心理科”的名字。尽早地找到专科医生，进行正确的治疗非常关键。

关键 7

心理疾病能治愈吗

心理疾病康复所耗时长因人而异，但一般都不会太快见效。通常，心理疾病的康复过程并不是一帆风顺的，往往在状态良好一段时间之后，病情会稍有加重，症状会像波浪一样上下起伏，在进退交替中逐渐得以改善（见图 3-2）。在状态好的时候，患者如果认为自己已经治愈，随意停药，症状会反复甚至加重，让康复变得更加遥遥无期。因此，患者必须戒骄戒躁，坚持治疗。治疗是一项长期工作，家人、师长、朋友对患者

的理解不可或缺。对身边患者给予温暖与守护，在必要时伸出援助之手，都可以成为推动他们恢复健康的动力。

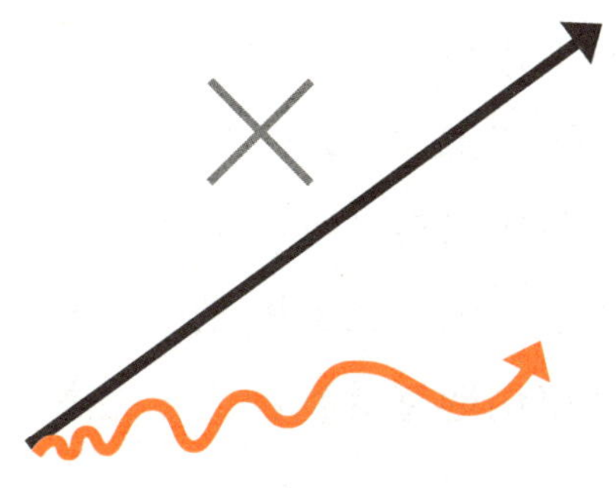

图 3-2　心理疾病康复示意图

注：通常，心理疾病患者的康复不会一帆风顺，症状会像波浪一样，在上下起伏的过程中逐渐得以改善。

由于心理疾病经常复发，因此我们判断患者的病情一般不使用“治愈”一词，而常用“康复”一词，也就是患者症状消失、精神恢复安定的状态。为了预防患者心理疾病复发，患者须持续服药，保持健康状态。不少心理疾病患者在康复后疾病一直没有复发，恢复到了发病前的生活状态。

也有一些患者虽然在一定程度上康复，但依然会遗留部分症状，难以彻底恢复到之前的生活状态。不过，虽然还存在一些症状，但患者依然可以做家务、正常工作，独立生活，可以怀揣梦想和希望积极地生活下去。从这个意义上讲，患者实现了个体化康复（personal rehabilitation）。

治疗心理疾病的目的就是让患者达到康复状态，让患者真切地感受到自己已经康复。

关键　8

周围的人
如何提供帮助

前来门诊就诊的青少年患者基本上都是先被父母注意到他们出现了心理疾病方面的症状，被父母说服后才来就诊的。日本教育部要求：从2022年起，高中教师要在体育与健康课上讲授心理疾病的相关知识，从而让越来越多的学生了解并能够辨识自己是否患病。但是如果只靠学生自己主动去医疗机构就医，依旧比较困难，尤其在他正受疾病困扰时，很难要求他搜集疾病的相关信息，做出正确判断。因此，患者身边的父母、教师等成年人，此时就起到了至关重要的作用。

所以，我们必须察觉到疾病的发生，青少年身边的成年人需要了解心理疾病的前兆和症状，敏锐地捕捉到孩子与平时的不同，包括一些细微的变化。

聚焦孩子的烦恼

我们要经常与孩子交流。在交流时，要注意以孩子的烦恼为焦点。孩子担忧或烦恼的事，通常和父母、老师的不同。例如，如果我们劝说孩子“持续失眠就要去医院检查”。“持续失眠”是父母或长辈担心的事，孩子本人往往不认为失眠是什么大事，就会产生疑惑：“平时都去学校，为什么今天要去医院？”我们需要了解孩子是怎么想的，想做什么，并尊重他们的意愿。做到以上这些很重要。

说到底，生病的是患者本人，父母或老师作

为孩子身边的成年人，只要把担忧传达给他们就可以了。

尤其当孩子进入青春期时，父母与孩子的交流会变少，很少与孩子深入交流，也很少与孩子进行正面交谈。父母虽然也想与孩子多交流，但处于青春期的孩子往往对父母的忧虑置若罔闻。泛泛的交流不会被孩子重视，很容易被孩子忽略。

父母与孩子交流时，双方最好认真地坐下来，目视对方的眼睛，传达出“这个问题很重要”的信号，不要泛泛而谈，相信这样做，孩子会更容易感知到父母的担忧吧！

关键 9

生活习惯与心理疾病的关系

在日常生活中，有没有预防心理疾病的方法供我们使用？

心理疾病和生活习惯有着千丝万缕的联系。有人指出，不好的生活习惯是诱发心理疾病的原因之一。为了防止心理疾病的恶化或复发，患者需要改善不良的生活习惯。在日常生活中，最重要的是要关注运动、饮食、休息与睡眠。

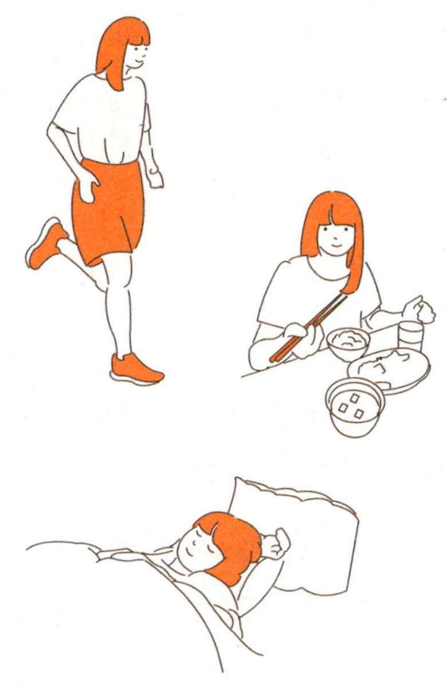

运　动

最近几年，研究人员发现运动对各种心理疾病都能起到治疗效果。甚至有报告称，运动对抑郁症，尤其是轻度抑郁症，所起到的效果可以与抗抑郁药物相媲美，在治疗有成效后辅以运动，能够加速患者的康复进程。

除了心理疾病，运动是舒缓压力的绝佳方法，也能预防其他疾病的发生。因此，请大家一定要养成坚持锻炼的习惯。

饮 食

10～20岁是青少年身体成长的关键期，运动量也会有所增加。因此，在饮食中增加碳水化合物和蛋白质摄入量非常有必要。这些物质既是大脑和身体的“建筑材料”，也是能量来源。然而，处于这一年龄阶段的不少女孩子，因为想拥有模特清瘦的身材而过度节食，最终损害了身体健康。如果发展到营养不良的程度，还会导致大脑萎缩、月经停止等后果，对身体各器官造成严重的影响。

每天吃好三顿饭，实现营养均衡，是健康生活的基础。现在有很多人不吃早饭，这是不健康的。若想一整天都能够精神饱满地生活、工作，请认真地对待每一餐。

休息与睡眠

睡眠是生活规律的重要一环。为了让疲劳的身心得到充分休息，为第二天的学习与工作做好准备，睡眠这项“重启工作”的意义十分重大。美美地睡上一觉，能让日常生活中的压力变小，是一种行之有效的压力管理方式。

然而，如今正处于青春期的青少年，却常常因为学业压力、和朋友忘我地聊天而“挑灯夜战”。

为了确保良好的睡眠质量，我们需要每晚连续睡眠 6 ～ 8 小时。即便在周末或休长假期间，我们也要维持健康的生活规律，不要“昼伏夜出”，这也非常重要。

关键 10

压力与心理疾病的关系

10 岁以后，孩子就会脱离天真无邪、随性玩耍的幼年期，开始为学业而努力，经历越来越复杂的人际关系，感受到的压力也会因此倍增。

尤其当青少年遭遇校园霸凌时，被霸凌者会承受巨大的压力。大量研究证明，这种压力足以成为诱发心理疾病的因素。

如果内心感受到的压力超过了应对压力的阈值（见图 3-3），青少年就会出现焦虑、失眠等症状，甚至陷入抑郁状态，最终可能患上心理疾病。

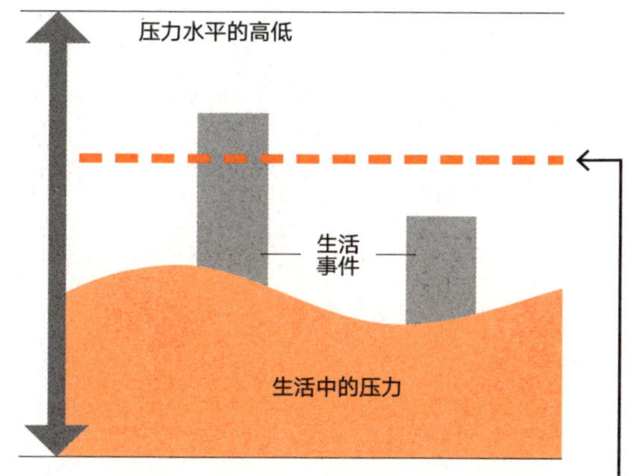

应对压力的阈值

如果超过了应对压力的阈值，人们就会出现焦虑、失眠、抑郁等症状。如果症状长期持续，到了妨碍日常生活的程度（疑似为心理疾病的状态），就需要相关专家的帮助了。

图 3-3　素质－应激模型

有时，即便孩子在学校遭遇了同学的霸凌，他们很痛苦、不想上学，最终也会勉强自己，顺应父母的心意去学校上学。长此以往，孩子的心理就会出现问题。父母要及时了解孩子在学校的遭遇，必要时可以采取转学等措施，让孩子远离霸凌。

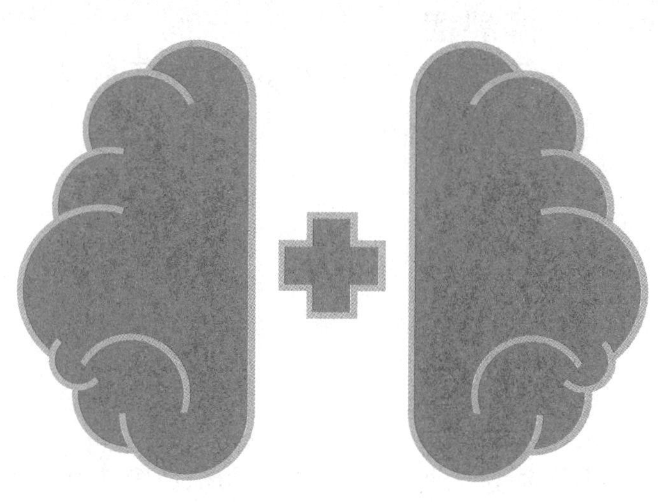

第四章

青春期的常见心理疾病

疾病 1 抑郁症，每 100 个日本人中约有 6 人得过抑郁症

抑郁症是一种心境障碍，即在日常生活中心情的转换出现了障碍。抑郁症除了有思维迟缓、持续心情低落、提不起劲儿、高兴不起来等精神症状，还会伴有难以入眠、食欲减退、容易疲劳等躯体症状。

抑郁症并不罕见。有调查指出，在日本，每 100 人中约有 6 人得过抑郁症。而且，女性更易患抑郁症，数量接近男性的 2 倍。

任何年龄段的人都有可能患抑郁症。抑郁症

好发于 20 多岁、30 多岁的青年群体。如果患了抑郁症，会给患者的学习、工作等带来巨大影响。

病　因

抑郁症的具体病因尚不明确，但经过多年研究，人们也找到了许多线索。

抑郁症是一种心理疾病，更是一种大脑疾病。大脑有无数神经细胞，这些神经细胞依靠5- 羟色胺、去甲肾上腺素等神经递质在彼此之间传递信息。在陷入抑郁状态或抑郁症发病时，神经递质传递信息的作用会减弱。如果一个人本身就属于易感体质，再加上压力刺激等环境因素，就会引起大脑功能障碍，诱发抑郁症。

尤其是处于青春期时，人的生理和心理都在由儿童向成人转变，这一时期的情绪极不稳定。不论是男性还是女性，在身体快速发育的过程中，体内激素水平的变化非常剧烈。同时，青春期也是对压力非常敏感的时期，许多因素都能成为压力的来源，如学业、家庭、财务等生活日常，亲人离世、搬家、转学等环境变化。成年人想当然地认为孩子的学业压力不会超过他们在职场上的压力，但事实上，与成年人相比，青少年的压力有过之而无不及，比如对未来的茫然和焦虑、与朋友的相处、考试的失利、课余活动中发生的冲突、与父母关系的处理、外貌焦虑等，不一而足。

现代社会，随着社交网络的日益普及，人与人之间的关系日趋淡漠，也更复杂，抑郁症患者的数量未来有可能还会进一步增加。

症　状

抑郁症的症状常表现为两个方面：精神症状和躯体症状。

精神症状：抑郁症典型的精神症状包括情绪极度低落、思维迟缓和意志活动减退。

偶尔心情沉重、惴惴不安是很常见的情绪表现，日常生活中谁都经历过，但陷入抑郁情绪并不等于患了抑郁症。人们陷入抑郁情绪大都是因为某一件具体的事，如果这件事得以解决，或当事人的心情发生转变，抑郁情绪自然就消失了。然而，抑郁症患者的抑郁情绪则极为强烈，即便解决了导致抑郁情绪的事件，这种低落的情绪也会一直持续。

除了上述症状，抑郁症患者还会出现意志活动减退的症状，如对任何事都缺乏兴趣，不管做什么都高兴不起来，犯懒不爱动等。

抑郁症还会导致强烈的不安全感、暴躁易怒、注意力下降，难以记忆书本内容或交谈中的信息，脑海中经常充斥着消极想法，这些症状甚至会让患者无法正常上学或上班，严重影响着患者的正常生活。

抑郁症给有些患者带来的另一个更严重的问题就是自杀倾向。许多患者丧失自信，拘泥于自己的缺点，被负罪感绑架，常有“活着没有意义”的想法，对未来感到悲观和绝望，觉得生活痛苦无比，产生一死了之的念头，甚至付诸实践。

躯体症状：在抑郁症的躯体症状中，最容易察觉的就是睡眠障碍，包括难以入眠、早醒以及与失眠相反的嗜睡症状。除此以外，还有疲劳倦怠、肩颈疼痛、头疼脑胀、食欲异常等。

与精神上的症状相比，躯体上的症状更易被觉察，患者也更愿意向别人倾诉，因此有很多患者是在出现躯体症状之后去医院就诊的。

上述症状是抑郁症的常见症状，其实许多人在发病前就已经出现一些早期症状了，我们若了解这些早期症状，也能够尽量做到疾病的早发现、早治疗（可以参考“抑郁症早期症状自查”表所列“问题清单”进行自查）。

抑郁症早期症状自查

若以下症状持续超过数日须特别注意。
但是，即便符合以下症状也不一定就会被确诊为抑郁症。

- □ 1 不想吃饭，食欲减退。
- □ 2 即便有家人、朋友鼓励和开导，心情也无法变好。
- □ 3 做任何事都无法集中注意力。
- □ 4 觉得做任何事都很费力。
- □ 5 为已经发生的事长时间闷闷不乐。
- □ 6 感到莫名的恐惧。
- □ 7 睡眠不好。
- □ 8 觉得自己孤身一人，孤独寂寞。
- □ 9 会突然哭泣。
- □ 10 认为所有人都讨厌自己。

资料来源:《CES-D 抑郁自评量表》。

诊　断

即便不患抑郁症，人们在状态不佳时也会出现情绪低落和睡眠不好的症状。而且，很少有人能够说清楚到底是什么时候开始出现抑郁症典型症状的。貌似在不知不觉间，自己的状态就不同以往了。

患者自己也很难觉察自己是否生病，进而耽误了治疗时间。因此，如果你发觉自己有前面提到的症状，且持续时间较长（一般超过两周），请一定要去医疗机构就诊。

许多学生会因为抑郁情绪而拒绝上学。此时，家长和周围的人切莫不明就里地责骂他们懒惰，而应该先听取他们的感受，在必要时带着他们去咨询相关专家。

抑郁症和其他疾病不同，无法通过血液化验或影像学检查判断异常，医生需要详细问诊后才能做出诊断。

有些其他疾病的症状与抑郁症相似，我们需要注意鉴别，如心理疾病中的焦虑症、人格障碍、适应障碍、认知障碍等，以及不属于心理疾病的甲状腺或肝脏病变等。

近年来，“抑郁”这个词成了一种流行语，人们开始将“抑郁”“抑郁症”挂在嘴边，不分场合地加以使用。好的一方面是，让公众知道抑郁症其实是谁都可能患的一种疾病，它就在我们身边。但同时也会让公众随意地将健康的心理活动误判为抑郁症，或者误认为抑郁症不是什么大病，产生轻视疾病的倾向。

恰当治疗的前提是准确诊断。请不要自行判断自己是否患有抑郁症，须前往医疗机构就诊。

治　疗

许多人误认为抑郁症是内心脆弱导致的，然而仅仅依靠锻炼意志力的方法，根本无法治疗抑郁症，必须去医院接受治疗。

抑郁症的主要疗法有身心休养、以抗抑郁药为主的药物治疗、心理咨询等心理治疗三种。

身心休养是治疗抑郁症的基础。有些患者担心休养后被周围的人指责懒惰，进而对修养产生抵触情绪，但通常只有让心灵和身体都得到充分休息，病症才能迅速好转。如果在家中得不到充分休息，患者可以选择住院治疗。

如果病症较重，在休养的同时，医生会对患者实施药物治疗和心理治疗。

注意事项

过去有个观点认为，抑郁症类似“情绪感冒”，事实上抑郁症绝对没有感冒那么容易痊愈。经过治疗，抑郁症的症状会有所好转，但并不会彻底地痊愈，“原地踏步”是常态，甚至会复发。抑郁症一般都是在时好时坏的过程中慢慢康复的。

在病情稳定、状态向好时，患者常常急于康复，但若“揠苗助长”，反而会适得其反，绝不可擅自停药或中止治疗。

治疗是需要时间的，这一点请患者务必了解，切不可急躁，一步一步地稳步前进吧！

抑郁症就在我们身边，它是谁都有可能会患的疾病。如果身边的家人、朋友患了抑郁症，你知道该如何应对吗？要正确地应对抑郁症，需要患者本人和患者周围的人都对抑郁症有足够的了解。不妨多听取医生和专业人士的建议，耐心地守护、支持你身边的患者吧！

疾病 2 精神分裂症，好发于 15 ～ 35 岁的年轻人

精神分裂症是一种由于大脑功能异常导致感知、思维、情感、行为等多方面障碍与精神活动不协调的精神疾病。其典型症状为幻觉和妄想。

和抑郁症比起来，精神分裂症的知名度就低多了，很多人甚至不知道精神分裂症是什么，常被人认为是鲜有人患上的“罕见病”。其实，精神分裂症在心理疾病中的发病率很高，大约每 120 个日本人中就有 1 人患病。

精神分裂症好发于 15 ～ 35 岁的年轻人，

其中很多患者是正处于学龄段的初中生和高中生。

在所有心理疾病中，精神分裂症遭遇的偏见和误解最多。“出现幻觉和妄想，好可怕啊！”“我会被他攻击吧？”“一辈子都要被关在医院里了吧？”“精神分裂症患者的孩子也会得精神分裂症！”……错误的观念不胜枚举。事实上，精神分裂症患者如果及时干预治疗，完全可能康复，对疾病抱有误解只会耽误疾病的治疗。

病 因

精神分裂症的病因尚不明确。研究认为，生活环境和压力等外界因素，以及易感体质等遗传因素多方作用容易引发精神分裂症。将精神分裂症归咎于某一种单一的致病因素并不科学，它是多个因素互相影响的结果。患者大脑中负责信息传递的神经递质平衡被扰乱，从而导致疾病发生。

当身边的人罹患精神分裂症时，总有人倾向从患者父母的教育方法上寻找原因，其实这种疾病的发生既不全是父母养育方法的错误，也不仅是因为患者本人不够努力，它是谁都可能患的疾病。

症　状

精神分裂症的症状包括阳性症状、阴性症状和认知损害（见图 4-1）。

阳性症状：阳性症状是在身体状况良好的情况下不应该出现的症状，其中包括精神分裂症的典型症状——幻觉和妄想。

幻觉包括看到实际不存在的东西（幻视）和听到实际不存在的声音（幻听）两种。幻觉以幻听最为多见，幻视相对较少，很多患者对幻听非常苦恼。

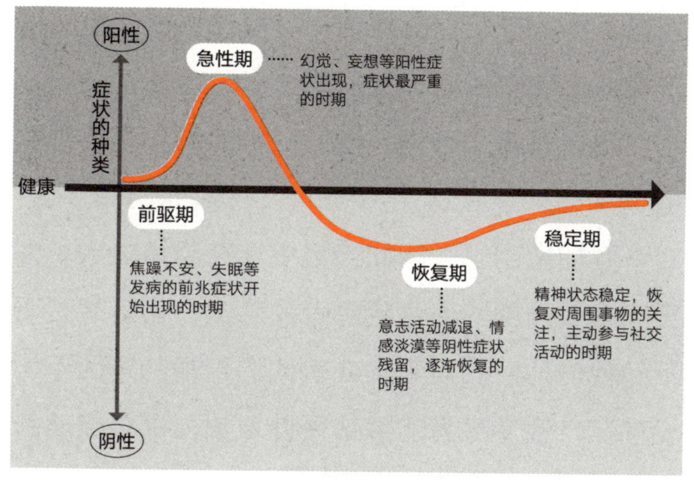

图 4-1　精神分裂症的症状及发病周期

注：①发病周期通常是从前驱期开始的，该阶段会出现焦虑、失眠等前兆症状。经过以阳性症状表现为主的急性期，以阴性症状表现为主的恢复期，患者最终将到达逐渐恢复健康的稳定期。
②发病周期因人而异。阳性症状表现时间短但阴性症状明显的患者，几乎无阴性症状、只表现阳性症状的患者，阴性症状长时间存在的患者数量均不少。同时，有些患者虽然恢复的过程顺利，但进入恢复期或稳定期后，会复发并退回急性期。

而妄想则是患者对实际并不存在的事物深信不疑。

精神分裂症患者的幻觉和妄想内容，绝大多数都是别人要对自己进行迫害之类的消极内容。

例如，别人说自己的坏话，或者往自己的食物里投毒。患者本人对这些症状也十分痛苦。

对患者本人来说，他们经历的幻觉和妄想都是真实的。患者认定周围的人在说他们的坏话，或者要加害自己，因此终日生活在恐惧之中。如果家人或周围的人否定患者的感觉，告诉患者听不到他们幻听的声音，或者他们幻视的东西不可能存在，致使患者的情绪无处发泄，那么彼此的信任关系可能会就此崩塌。

阴性症状：和阳性症状相反，阴性症状即患者失去了健康人该有的特征，包括意志活动减退、情感淡漠、表情贫乏、躲避与他人的语言交流和社交接触等。阴性症状对患者的社交生活会造成很大的影响。

认知损害：精神分裂症会导致记忆力减退、无法理解动作顺序等认知损害。

当患者说起幻觉和妄想症状时，不要去否定他们，要顺应他们的情绪，对他们说："听你这么说一定很痛苦吧！”“那你一定很害怕。”

在阴性症状表现较强的时期，患者本人也特别痛苦，他们很想通过努力战胜疾病，却完全提不起斗志。

周围的人最好提前了解精神分裂症症状，顺应患者的情绪，给予恰当的回应，这对患者来说非常重要。

精神分裂症发病前也会表现出一些早期症状，我们若了解了这些早期症状，也能尽量做到疾病的早发现、早治疗（可以参考“精神分裂症早期症状自查”表所列“问题清单”进行自查）。

治　疗

精神分裂症的治疗方法主要有药物治疗和心理治疗。心理治疗包括心理咨询、心理康复等。随着病程的发展和疾病的恢复，医生会适时调整药物治疗或心理治疗的侧重，并在有必要的情况

精神分裂症早期症状自查

最近一年，若出现过以下情况须特别注意。
然而，即便符合以下症状也不一定就会被确诊为精神分裂症。

- ☐ 1 感觉身边出现了奇妙、超乎寻常的事物，说也说不清楚。
- ☐ 2 感觉身边存在能够干涉或支配自己思想、情感、行为的东西。
- ☐ 3 由于自己有“神秘的感官”，因此行为与平时大相径庭。
- ☐ 4 有时候分不清经历过或感觉到的事物是现实还是自己的幻想或梦境。
- ☐ 5 认为别人能够读取自己的内心，或能够读取别人的内心。
- ☐ 6 认为别人都在计划伤害自己，或别人马上就要伤害自己了。
- ☐ 7 周围明明没人，却能听到或微弱或响亮的声音，或人说话的声音。
- ☐ 8 感觉自己大脑中的想法都被大声说了出来。

资料来源:《危险因素识别、管理和教育项目筛查问卷》(PS-R)。

下实施组合治疗。

在幻觉和妄想症状较重的急性期，治疗的重点应为药物治疗，主要使用的是抗精神病类药物，幻觉和妄想症状可通过服药得以抑制。为了尽快脱离危险的发病状态，患者必须尽快接受治疗。

休养也是有效治疗不可或缺的一部分。许多患者被幻觉和妄想搅扰得身心俱疲，因此对声音和光线变得十分敏感，难以获得充分的睡眠。在疾病严重时，若再失眠和过劳，症状可能会进一步恶化。因此在必要时，应给患者辅助使用安眠药和抗焦虑药，并让患者在安静的环境中进行休养。

经过适当的治疗，急性期的症状可在几周至两三个月内得到控制，但为了防止复发，患者在病情得到控制后仍应继续服药。

经过心理治疗，患者可以了解自身的疾病，学习控制疾病发展的方法，探索与自身疾病“和解”的智慧。举例来说，如果能让患者了解服药的必要性，就可以避免患者自我诊断、擅自停药。同时，由于失眠、焦躁、食欲减退等复发的前兆症状因人而异，若能让患者学会发现和应对疾病复发的前兆，也能提高患者早期发现疾病的可能性，防止疾病的进一步恶化。

注意事项

精神分裂症容易复发，治疗周期长，治疗难度大。目前，有一些患者经过治疗，仍然不能彻底痊愈，给生活带来一定的痛苦和不便。但近年来疗效理想的药物陆续上市，治疗方法也在不断改进，未来患者经过治疗完全有可能彻底康复。如果我们对待精神分裂症像对待高血压、糖尿病一样，将其视作慢性病，用药物等进行控制，同时灵活地改善对患者的管理机制，就一定可以让患者与疾病“和解”。

即使精神分裂症难以完全治愈，患者也可以怀揣梦想和希望，发挥自己的优势，活出自己的精彩，取得一定的成果。

精神分裂症的治疗是一场持久战，周围的人对患者的理解和支持必不可少。

研究表明，精神分裂症患者若在脑损伤较

轻的早期开始治疗，就能取得较好的疗效。在幻觉、妄想症状明显出现之前，患者会经历一段前驱期，出现程度较轻的幻觉、妄想、失眠、焦虑、头疼、倦怠等异常表现，如果患者在这一时期能接受治疗，就可延缓发病，防止疾病恶化。

在前驱期，多数患者症状很轻，但很多患者在康复后回想这一时期时，都能意识到自己原来在很早时就已经表现有所异常了。因此，我们不应忽视前驱期的不适，应抓紧时间进行治疗。

疾病 3 焦虑症，包括社交恐惧症、广泛性焦虑障碍等

焦虑是一种让人不愉快的情绪，但焦虑情绪可以帮助人们规避冲突、保护自己，是人类生存不可或缺的情绪反应。在重要的考试之前出现紧张、担忧等焦虑情绪是十分正常的。

然而，如果焦虑情绪超过正常的限度，且持续时间较长，影响了日常生活，就变成了一种病态，我们称之为焦虑症。如果患了焦虑症，必须去医院接受专业的治疗。

根据患者感到焦虑的对象和表现出的不同症

状，焦虑症可分为多种类型。其中最为人熟知的就是对某一种事物产生恐惧情绪的特定恐惧症，如恐高症、幽闭恐惧症、动物恐惧症等。学龄前儿童因对与父母分离时感到强烈不安而表现出的分离焦虑，也是焦虑症的一种类型。不少公众人物都公开过他们患惊恐障碍的经历。除此以外，焦虑症还包括社交恐惧症、广泛性焦虑障碍等类型。

焦虑症患者数量非常多。有报告指出，日本的焦虑症患病人数比抑郁症和处于抑郁状态的患者数量更多。

病　因

焦虑症的病因尚不明确，但研究者发现，有些人对焦虑的感受性更强。如果自身就是易感体质，再加上压力过大等外界因素的作用，就很容易让焦虑情绪发展为焦虑症。特别是 10 多岁的青少年，生理和心理发育还不成熟，而在社交网络上被诽谤中伤、遭遇校园霸凌、考试中受挫、恋爱或交友不顺等，都会引发他们的焦虑情绪。也有些人由于当众出丑等失败经历而患病。

症　状

本书选择焦虑症中典型的社交恐惧症、广泛性焦虑障碍和惊恐障碍来做详细讲述。

社交恐惧症：社交恐惧症患者会因为要与人交往而产生强烈的焦虑情绪，与人交流过程中易紧张或恐惧、演讲时易紧张等症状都属于此范畴。虽然正常人在当众演讲或和领导、初次见面的人交谈时多少也会紧张，但社交恐惧症患者的紧张已经强烈到了恐惧的程度，有时甚至会出现冒汗、颤抖、面红耳赤、恶心呕吐等情况。

患者一旦有了上述经历，就会担心再次出丑、难堪，进而避免与人接触。不少患者最终会发展到无法正常工作、上学的程度。

社交恐惧症也属于青春期好发的疾病。因为无法在众人面前流利地发言而被嘲笑，这样的不愉快事件在青春期孩子身上常常发生，许多患者的社交恐惧症也正是因此而被催生的（见图4-2）。

图 4-2　社交恐惧症的恶性循环

注：出现想要躲避与人交流的想法时，患者因与人接触而产生的紧张和焦虑情绪反而会进一步加剧。

广泛性焦虑障碍：广泛性焦虑障碍好发于30岁以后，其中女性患病的概率是男性的2～3倍。顾名思义，让广泛性焦虑障碍患者感到焦虑不安的对象不是单一的，而是广泛的、不明确的。自己会不会患病？丈夫会不会被公司开除？自己或者家人会不会遇到意外事故？不着边际的恐惧和不安一刻不停地浮现在患者的脑海中，让患者无法工作，无法操持家务，给其日常生活造成极大的困扰。

同时，由于情绪焦虑，肌肉始终处于紧张的状态，患者还会有头疼、肩酸、失眠等躯体症状。不少患者都是因躯体症状去医院就医才被确诊为焦虑症的。

惊恐障碍：女性比男性更易患惊恐障碍，好发年龄为25～35岁，而男性多在25岁前发病。

惊恐障碍的发病是从没来由地突然感到惊恐开始的。惊恐障碍的发病伴随有激烈的躯体症状，包括心悸、呼吸困难、多汗、恶心、头晕等，患者在发病时会有感到濒死一般的恐惧体验。

惊恐障碍的特征是起病又急又凶猛，几分钟后会自然终止，常反复发作。若进入慢性病程，患者便会开始担忧何时疾病发作，即期待性焦虑，并开始避免接触自己认为可能会引起疾病发作的事物和场所。

若疾病进一步发展，患者可能会伴有惧怕车厢等密闭空间的幽闭恐惧症和惧怕人流拥挤的广场恐惧症，变得闭门不出，拒绝上学。

使用抗抑郁药物对惊恐障碍患者进行治疗，会有一定的效果。

社交恐惧症的早期症状可通过下面的“社交恐惧症早期症状自查”表所列“问题清单”进行自查，以便尽可能做到早发现、早治疗。

社交恐惧症早期症状自查

最近一个月，若出现过以下情况须特别注意。
然而，即便符合以下症状也不一定被确诊为社交恐惧症。

对以下情况感到恐惧，想要尽量避免：

- ☐ 1　在众人面前发言
- ☐ 2　与陌生人说话
- ☐ 3　被他人注视
- ☐ 4　在别人面前写字、作画、演奏等
- ☐ 5　给别人打电话

在与别人接触，或想象与别人接触时，出现过以下症状：

- ☐ 1　面红耳赤或面色铁青
- ☐ 2　心悸、颤抖（手脚、全身、声音）、出汗
- ☐ 3　恶心呕吐、呼吸困难、腹部不适
- ☐ 4　面色苍白、头晕目眩

资料来源：《社交焦虑障碍临床检查》。

治　疗

惊恐障碍主要的治疗方法有药物治疗和心理治疗（认知行为疗法、森田疗法等），两者的治疗效果都比较理想。

在采用药物治疗时，主要使用的是抗抑郁药选择性 5- 羟色胺再摄取抑制剂（selective serotonin reuptake inhibitor，SSRI）。该药物可抑制焦虑感的产生，通常需要患者持续服用一年半以上，每日只需服用 1 次，比较方便。

SSRI 需服用 2 ～ 4 周才开始起效，若患者的焦虑情绪严重，或惊恐障碍已到了每天发作的程度，可兼用起效迅速的抗焦虑药物进行治疗。

持续服用 SSRI 一年半到两年后，若扁桃体功能正常，患者就可以逐渐停药。有些患者在停药两三年后都没有再复发，便一直没有再吃药，逐渐找回了自信。

使用认知行为疗法对患者进行治疗时无须使用药物，主要通过医生与患者的对话进行心理治疗。认知行为疗法能让焦虑症患者认识到自己在面对激发焦虑的事物时大脑做出的反应（认知治疗），并意识到自己行为模式的偏差（行为矫正），逐渐让患者重新找到认知和行为的平衡状态。有研究指出，在治疗焦虑症时，心理治疗可以达到与药物治疗同样理想的效果，尤其是针对社交恐惧症，其治疗效果甚至超过了药物。对于儿童、孕妇等担心药物副作用而无法使用药物治疗的患者群体，心理治疗是更适合的治疗方法。

森田疗法是由日本精神科医生森田正马创立的。森田疗法的治疗理念不是消除患者的焦虑情绪，而是指导患者在焦虑的生活状态下，将精力集中在当下重要的事情之上，继而回归正常生活。

注意事项

在焦虑症的症状中，惊恐障碍由于发作症状明显，患者多半都能尽早前往医疗机构就诊，但社交恐惧症和广泛性焦虑障碍常被人解读为“太内向”“疑心病重”“性格有问题”，继而耽误治疗。

在拒绝上学、闭门不出的人群中，许多都是焦虑症患者，有些可能是抑郁症、精神分裂症等其他心理疾病的患者。

研究表明，患者同时患有多种类型的焦虑症或抑郁症的概率很高。为了防止心理疾病日趋严重，患者务必在焦虑症发病时及时接受治疗。

疾病 4 进食障碍，多发于 15 ～ 25 岁的年轻人，九成以上是女性

进食障碍是指与进食相关的异常行为，进食量、进食方式等出现显著变化。进食障碍若持续的时间过长，对患者的身体和心理都会造成影响。进食障碍的代表性疾病就是吃不下正常食量的神经性厌食症。此外，无法控制自己的食欲和食量、极端地摄入大量食物的暴食障碍，以及暴食过后自行催吐等均属于进食障碍范畴。其发病原因在于患者对体重增加极度恐惧，对控制体重、塑形的过度追求。

在日本的医疗机构，每年被诊断为进食障碍的患者约 21 万人，还有不少从未接受过治疗或中断治疗的患者。进食障碍好发于 15 ～ 25 岁的年轻人，九成以上患者是女性。

进食障碍妨害的不单是患者的身体和心理，还有日常生活、学习和工作等社会活动，以及亲子关系、朋友交际等。进食障碍会造成患者过度消瘦、营养不良，进而引发月经停止、身高过低、骨质疏松、反复呕吐、牙齿腐蚀等并发症。由于营养不良，患者的身体停止发育，甚至无法维持基本的身体功能；同时，由于反复催吐或滥用泻药，会造成患者体内的电解质（钠、钾等）失衡，这些都会带来生命危险。在为患者进行脑部 CT 扫描时，我们发现患者的大脑存在萎缩情况。

一旦发现孩子出现进食障碍的征兆，要及时与校医或学校的心理咨询师等孩子信赖的专家进行交流。

进食障碍患者常伴有自残或盗窃等行为。说到底，还是患者的心理焦虑通过进食异常的形式表现了出来。在对患者进行治疗时，心理方面的支持是必不可少的。

病　因

虽然已进行过许多研究，但进食障碍的病因尚不明确。目前人们认为，进食障碍不是单一因素导致的，而是患者自身性格、成长环境和压力等多个因素相互交错共同造成的。

进食障碍多发也有社会文化层面的原因。“纤细、精瘦才是美”的扭曲审美观，对身材纤瘦的人过度推崇和褒奖，激发了不少人发生进食障碍。

除此以外，一些职业运动员为了打破自己的运动纪录而持续节食，也可能导致过度消瘦。

症　状

根据进食行为的异常情况，进食障碍可划分为不同的类型，每种类型的症状均不相同。在中小学生患者中，神经性厌食症占比最高；而处于幼儿园到小学低年级阶段的儿童也常常出现回避/限制性摄食障碍。在高中到大学阶段，虽然神经性厌食症患者仍在增加，但神经性贪食症患者增长较快，在患者中占居多数。

神经性厌食症：神经性厌食症的特征是患者过度限制自己的热量摄入，体型异常消瘦。刚开始，患者通过拒食或运动的方式减重，但后续有约一半的患者都会出现暴食后催吐、滥用泻药等行为。患者对发胖有着强烈的恐惧感，明明已经瘦到了不健康的状态，却依然认为自己太胖，仍想继续限制进食，从而产生体象障碍。

神经性贪食症：和神经性厌食症一样，神经性贪食症的特征也是患者渴望保持苗条身形，对变胖极度恐惧，体重、体形对患者的自我认同产生了巨大影响。所不同的是，神经性贪食症患者会无法自控地阶段性暴饮暴食。但吃下大量食物后，患者由于担心体重增加，一般都会采取催吐、滥用泻药等代偿行为，这是神经性贪食症的另一个特征。

暴食障碍：暴食障碍患者和神经性贪食症患者一样，都会出现阶段性行为，但暴食障碍患者进食后不催吐，也不滥用泻药等药物，因此患者通常会体重超重。

回避/限制性摄食障碍：回避/限制性摄食障碍患者往往没有体象障碍，但他们对食物的外观、气味、味道非常敏感，担心进食后会窒息、呕吐，并以此为理由拒绝进食。

进食障碍的早期症状可以通过“进食障碍早期症状自查”表所列“问题清单”进行自查，以便尽可能做到早发现、早治疗。

进食障碍早期症状自查

若以下情况频繁出现须特别注意。
然而，即便符合以下症状也不一定会被确诊为进食障碍。

- □ 1 对体型过胖感到恐惧。
- □ 2 不停地进食，想停也停不下来。
- □ 3 尽量避免食用碳水化合物含量高的食物（面包、米饭、面条等）。
- □ 4 别人都建议自己多吃一点儿。
- □ 5 吃过东西后会吐。
- □ 6 吃过东西后心情很不好。
- □ 7 满脑子都想再瘦一点儿。
- □ 8 觉得自己的人生都被食物掌控了。
- □ 9 吃过甜食之后会情绪低落。
- □ 10 在努力减肥。

资料来源:《饮食态度评价问卷》（EAT-26）。

治　疗

进食障碍绝不仅仅是简单的体重、饮食、营养方面的问题，除了纠正身体上的异常，还必须开展心理干预治疗。治疗的第一步是判断患者当下的身体和心理状态。一般来说，医生会采用问诊的方式，询问患者的症状表现、出现时间，截至目前的症状变化等，听取患者自述病情的发展过程，并确认发病起因、体重变化，以及患者对体重、体型的看法和对变瘦的渴望程度。同时，也会参考患者幼年时期的经历和日常生活状态。

治疗的第二步是针对身体方面，除了外科检查，医生也会对患者进行血常规等一系列化验。

进食障碍治疗的重点在于营养治疗和心理治疗。医生需要根据患者的不同症状、严重程度以及有无其他疾病、家庭背景等具体情况制订恰当的治疗方法。

营养治疗主要是通过改善患者的营养状况帮助其恢复正常的体重。营养师会为患者制订合理的饮食计划，在必要时还会提供辅助性的营养补充剂。

心理治疗主要是为患者普及进食障碍的基本知识，纠正他们对有关疾病的错误认知和错误饮食习惯，让他们相信自己不通过厌食或暴食行为也可以愉快地生活下去，找回自信。

心理治疗主要是以支持性咨询和教育指导为主，同时针对进食障碍提供更为专业的针对性疗法，如认知行为疗法。

有些医院也会给患者辅以抗抑郁药、抗焦虑药等药物进行治疗。

进食障碍的治疗方式通常是患者自行前往医院就诊，但若患者存在有体重明显过轻、合并有其他疾病、完全无法进食、不住院体重难以恢复正常或精神状态不稳定等情况，则可以选择住院治疗。

患者家人的理解和配合能够加快进食障碍的治疗，因此医生会对患者家属提出建议并提供支持。

注意事项

进食障碍的发病原因通常是过度减重。成功减轻体重之后，人们往往能获得一时的成就感和充实感，进而开始极端地限制饮食或养成不良的饮食习惯，并由此开始恶性循环。其结果就是身体陷入营养不良的状态，特别危险。然而多数患者在这种状态下，依然会觉得自己太胖了。

也有些患者因为过度节食，反而出现贪食的症状。不少人交替出现厌食和贪食症状，从而导致疾病进入慢性发展的阶段。

患者家人以及周围人的理解和支持对进食障碍的治疗不可或缺，应注意倾听患者的想法，接受他们的情绪，表达对他们的关心，和他们一起寻找对抗疾病的办法。

不过，如果患者陷入极端营养不良的状态，即便患者本人不愿意去医院就诊，也必须将他们送往医院。

耐心地劝导患者接受治疗，就是对他们最大的帮助和爱护。

疾病 5 成瘾，常见的有酒精成瘾、药物成瘾、赌博成瘾等

个体不可抑制地对某种特定的物质或某种活动产生依赖的状态被称为成瘾。成瘾患者依赖的对象各不相同，较为常见的有酒精成瘾、药物成瘾、赌博成瘾等（见图 4-3）。

在 10 多岁、20 多岁的年轻人中，也不乏成瘾的患者，罹患网络成瘾、手机成瘾和游戏成瘾的人越来越多，有些人年纪轻轻就酒精成瘾，或因为偶然服用了兴奋剂或成瘾性药物等，导致药物成瘾。

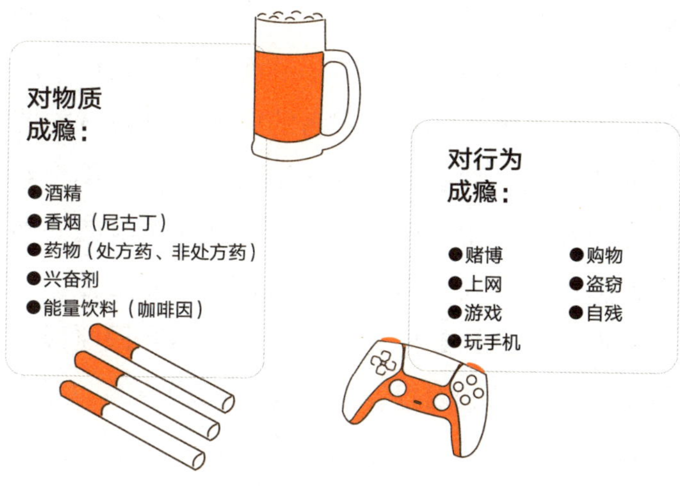

图 4-3　成瘾的种类

在不断重复使用成瘾物或重复进行成瘾行为时，患者的脑功能会受到影响，导致患者无法依靠自己的意志摆脱成瘾状态。

成瘾物或成瘾行为除了难以戒除，还会给患者的日常生活带来极大影响，患者的生活节奏被打乱，健康状况直线下降，与家人的冲突激化，请假休学、挥金如土等情况频繁出现。

成瘾是一种疾病，患者无法根据自己的意志

控制自己的行为。若想治愈，家人或有经验的病友等的支持是不可或缺的。然而，能正确认识成瘾的人并不多，尤其是患者的家人，常常认为患这种疾病是一种耻辱，家丑不可外扬，并不想寻求任何专业人士的帮助。这样，疾病影响的并不只是患者一个人，而是整个家庭的正常生活。

不少人认为成瘾是治不好的，其实只要患者尽早进行适当的治疗，是很有可能痊愈的，完全可以不再依赖成瘾对象生活下去。

因此，患者身边的人一旦注意到患者有成瘾的倾向，或者患者本人注意到自己有成瘾的倾向，应尽早前往医疗机构或专业的心理咨询机构就诊。

成瘾也是任何人都可能患的疾病，与没有骨气、内心脆弱等无关。患者身边的人不应对成瘾抱有误解和偏见，应当积极学习成瘾的相关知识、应对之策，为患者提供支持。

除此以外，成瘾患者和患者家属也不应封闭自己，可以向医疗机构、行政机关、病友及其家属等寻求帮助，借助外部力量，争取早日康复。

第五章

我们能做什么呢

感觉身体不适，可能患了心理疾病时，我应该怎么做

回答　心理疾病越早发现，越早干预治疗越好。然而，心理疾病的早期症状，如疲劳、失眠、心情低落等，身心健康的人在日常生活中也会经常出现，相信每个人都有过类似的经历吧！

我们当然不能断言出现上述症状就一定是患了心理疾病。在过度担心之前，更重要的是冷静地回想一下自己近期的身体状态和精神状态。

是否患上心理疾病的判断标准之一是上述症状是否持续。举例来说，抑郁症的症状包括心情低落，但如果你刚经历了考试失利、失恋，或者遭受了其他刺激，心情不好则无可厚非。难过几天后情绪就平复了，这没什么可担心的。如果没有具体缘由（医学上称为“心因”）的长时间情绪低落，这种情况持续两周以上就有必要怀疑是病态了。

观察自己的心理状态，如果发现焦虑或异样的感觉一直持续，可以去医院找专科医生，或者找学校的医务室校医、心理老师、健康课老师等，让拥有一定心理疾病专业知识的人给出对策，也可以多和父母、朋友聊聊自己的状况。

如果你是就读于初中、高中的学生，也可以和聊得来的同学说说近况。

然而，心理健康问题毕竟是偏专业的问题，在和朋友交流后心情变好的同时，也应该找专业人士进行诊断才能更安心。这样的诊断并不一定需要去医院，也可以拨打心理疾病免费咨询服务热线，或自杀与危机干预热线。这样的公益服务很多，请大家务必利用起来。不过，这样的公益服务有时候也会存在“不靠谱”的情况，可以拨打不同的热线多咨询几次。

发现朋友状态不对，可能患了心理疾病时，我应该怎么做

回答　首先，请你和朋友好好聊聊，倾听朋友的心声，一定要注意营造让对方可以安心向你倾诉的氛围，全心全意地倾听朋友的困扰和痛苦。不过，只通过聊天我们很难判断朋友是否患了心理疾病，不妨引导和建议他去医院向医生求助，或者去学校医务室找校医咨询。

其次，你可以尝试让朋友把烦恼告诉他的父母。在那种状态下，朋友可能不愿意告诉父母或者不能告诉父母，若此时你给他一些建议，或许能帮助他卸下内心的防备，认识到应该和父母交流这些问题。告诉朋友“无论何时，家人都是自己最坚实的依靠，勇敢踏出正视疾病的第一步”。

来自朋友 问题3

朋友患了心理疾病，我该如何与他相处？我能为他做什么

回答　与患有心理疾病的朋友相处时，有一个大前提，即不要发表任何有关心理疾病的歧视性言论。面对患者时的正确做法，应该基于患者本人的性格、所患疾病的种类和严重程度来考虑，做到这一点是非常困难的。但总体来说，应该为朋友营造一种有助于他安心治疗的氛围，与他相处的方式尽量和他患病前保持一致。在他康

复回到学校后，要热情地迎接他。

对患者本人来说，重新回到学校需要很大的勇气，他会非常在意周围的人如何看待自己。而且，大部分患者在返回学校的初期，其健康状况很难迅速恢复到患病前的状态。

当患者感到诸多焦虑的时候，如果发现周围人对待自己的态度、方式和患病之前没什么两样，他一定会感到莫大的安心。

孩子可能患了心理疾病，父母应该怎么做

回答　请和孩子心平气和地聊聊。需要注意的是，此时的“聊聊”绝不是漫不经心地随意说说，而是坐在孩子对面，认真地听他倾诉。孩子进入青春期后，亲子之间的对话减少，即使父母想郑重地谈一个重要话题，也常常会装出随意聊天的样子，不敢向孩子传达自己认真的态度和担忧的情绪。然而，此时的孩子或许会想要与父

母好好聊聊。

与此同时，父母的担忧和孩子自身的痛苦很可能并不一致。与其胡乱猜测，不如好好问问孩子，到底是什么在困扰着他。这样一来，孩子也能真正感受到父母想要帮助他消除内心痛苦的心意。

如果父母抓错了重点，揪着孩子并未被困扰的地方发表意见，甚至说他变得很奇怪，和过去不同，是无法得到孩子的认可的。请父母在了解了孩子的困扰和痛苦后，一定要尽可能地与他共情，带他去找熟识的医生治疗或去医院的精神科就诊。

孩子想请假休息，我应该强迫他去上学吗

回答　关于这个问题，有许多不同的观点，我认为家长不应该强迫孩子去上学，如果孩子想要休息，可以允许他休息。不过，这种允许也不是没有限度的。例如，家长可以跟孩子说“今天可以好好休息一天”或者“先休息 3 天看看状态”，也可以尝试和孩子一起请假，看看他的心情有无缓解，然后再考虑后续的做法。

孩子确诊患心理疾病后，我应该跟校方说吗？会对孩子造成什么影响吗

回答　目前，学校老师对心理疾病的认识十分有限，不仅缺乏心理疾病的专业知识，应对患病学生的态度和能力也参差不齐，这是个现实问题。在这种情况下，将孩子的诊断结果直接告知校方，可能无法获得预期的助益。

然而，孩子目前的状态和健康与之前相比有什么不同，今后该怎么做才更有利于孩子的心理康复，让老师了解以上事宜对患者确实十分重要，还是应该和老师多交流的。

因此，建议提醒老师多关注孩子的日常行为和情绪状态，若有异常，应及时告知家长。

问题7

孩子（高中生）患了心理疾病，治疗时间较长，短期内无法正常上学，我应该为他办理退学吗

回答　我要给你一个非常现实的建议。如果患者已经处于高三阶段，临近毕业，不如保留学籍，待他顺利毕业之后再介入治疗。大学和高中不同，生活和学习环境相对宽松、自由。新环境或许可以让孩子的心理状态有所改观。进入大学以后，学生感受到的压力和高中相比有所降低，许多学生会反思当初为什么心情低落、郁郁

寡欢。即便没有迈入大学，从长远来看，让孩子读完高中，也是很有好处的。

不过，如果孩子刚上高一或高二，距离毕业的时间比较长，也可以考虑给孩子办理退学，让其接受治疗。罹患心理疾病本身对孩子的身体和精神都会产生极大的影响，若还要承担学业压力，待两三年后才能毕业，这对 10 多岁的孩子来说，将是一段相当漫长的时间，会让他的痛苦加剧。此时和他谈学习、聊正常毕业的重要性，强迫他振作精神，只会给他徒增痛苦。如果此时退学，还可以选择其他很多自由度相对较高的学习方式，甚至可以在家学习，参加高考，争取考上大学。针对这一问题，请和孩子好好交流。

问题8

孩子确诊患心理疾病后，我应该如何帮助他

回答　孩子所患心理疾病的种类和所处的阶段不同，在康复的过程中所需的帮助也不同，但无论患何种心理疾病，有一点是共同的，即让患者与精神科医生保持长久的联系。若孩子抗拒服药，请告诉他："如果不吃药的话，我们就去医院检查一下吧！"

对父母来说，专科医生可以给予患者专业的建议和巨大的支持。让患者保持与精神科医生的联系，父母才能安心。

心理疾病容易引发自杀行为，父母该如何预防

回答　请你经常向孩子传达“你是不可替代的”“你的存在有价值”“活着本身就很好”这样的信念。在平时生活中就应经常说这些话，不要等到孩子被逼无奈选择自杀时才说。

在孩子幼年时期，父母如果能在各种场合恰当地对孩子进行肯定，这样的孩子长大以后，自我肯定感就会比较强，即便在学校被人欺负，也会认定是周围的人看不到自己的价值，而能够与他们对抗。这种经年累月才能形成的自我肯定感是不可能在孩子罹患疾病、摆脱不了抑郁情绪的时候迅速建立的。在平时，请你向孩子传达他的存在本身就很有价值这样的信念吧！

孩子的朋友患了心理疾病，我该如何与患者的父母交流呢

回答　心理疾病患者的父母，都会非常在意周围人对心理疾病的看法。如果周围的人能对患者及其家属传递“我对心理疾病抱有正确的理解”或“我对心理疾病患者没有偏见”的信号，那他们一定会感到非常安心。

作为父母，请学习一些与心理疾病相关的知识。可以看看孩子学校的体育与健康课教材，也可以问问孩子在课堂上学到了哪些知识。

在面对患者父母时，可以告诉他们你对心理疾病有哪些了解，至少有想要了解的意愿。

老师在察觉到学生的行为有异常后，应该如何处理

回答 可以先听听学生的心声，但此时请注意，不要向学生承诺为他保守秘密。

尤其是年轻老师，在询问学生的状况时，要从一开始就引导学生把心里话说给除自己之外的人听，让学生告诉亲人、朋友自己当下的状态。

可以先试试对学生说："这件事要和你的父母聊聊。"不过有时候学生会认为面对父母时难以启齿，想让老师保守秘密。此时，你应该说："你这属于心理疾病，咱们还是和心理辅导老师聊聊吧！"或者"×× 老师之前也遇到过有类似困扰的学生，咱们请他帮帮忙吧！"引导学生把自己的状况告诉周围能给他提供帮助的人。

来自老师

问题12

老师应该如何帮助患有心理疾病的学生

回答　学生所患心理疾病的种类和所处的阶段不同，需要老师给予的帮助也不同。不同患者的个体差异很大，因此老师帮助患者的第一步就是正确地了解他的病情。

接下来，可以和较熟悉学生病情的主治医生聊聊。或通过学生的家长联系主治医生，和医生约好时间，了解学生的病情。

还有一点很重要，就是尊重学生的个人意愿。比如，如果学生不想上学，却仍想毕业，就请你运用智慧，争取帮助学生实现期望吧！

在预防心理疾病患者自杀方面，有什么事情是只有老师才能做到的

回答　不少人至今仍抱着墨守成规的想法，认为年轻人就该如何做，或者小孩子就不应该如何做。认真的人生态度虽好，却会让不能达到这种“标准”的年轻人活得十分痛苦。

在当今这个时代，流行的词语是“多样化”。作为成年人，我希望大家可以充满自信地说：“与众不同也没有关系，每个人的存在都很重要。”

拥有与他人不同的价值观和生活方式，也无须自卑和隐藏自己，每个人都应该珍视自己，努力地生存下去，老师可以向学生传达这样的观念。

当然，还可以对他们说“每个人有不同的活法”或者“比最终变成什么样的人或者达成什么结果更重要的是做事情的过程”之类的话，这是比较温和的鼓励学生的方式。

后　记

心理疾病距离我们并不遥远

自 2022 年 4 月起，日本新版《学习指导要领》正式实施，教师开始在高中体育与健康课上教授“心理疾病的预防与康复”课程。年轻人所处的社会环境随着时代不断变化，因此在修订《学习指导要领》的时候，编撰人员也从不同的角度，对适合现代日本的健康课程进行了讨论。如此讨论的结果，就是对与心理疾病相关知识的课程提出要求。基于日本青少年自杀倾向趋于严重，《学习指导要领》也应涵盖抑郁症等心理疾病的相关内容，让患者尽早得到专家的援助。

高中的体育与健康课不仅要教授学生心理疾病的症状和治疗方法，还要讲到在社会层面如何接纳、面对心理疾病患者。如果人们都能对心理疾病抱有正确的认知，社会环境对患者就会更加友好，患者就能更好地在早期向专家咨询和接受治疗，社会对心理疾病患者的偏见和歧视也会消除。

在现代社会，许多人都生活在各种各样的压力之下。精神状况出现异常，尤其多发于年轻群体，已经成了一个重要的社会问题。新冠疫情期间，人们回避“三密”（密闭、密集、密接），与他人（包括家人）的交流减少，因此不少人倍感孤独，出现了心理疾病的症状。相信人们已普遍认识到与他人交流是精神健康的重要一环了吧！人们通过在家庭、学校、职场等不同环境中的不断交流，彼此关心，把心与心之间的距离拉近，这很重要。

日本的心理疾病治疗正处于从住院治疗到地区护理的巨大转变当中。越来越多的患者不再住院，而是通过地区性机构的支援日渐康复，开始独立生活，甚至可以实现就业。同时，政府也在敦促企业雇用心理疾病患者，相信我们很快就可以真正创建一个心理疾病患者能够和健康人共同生活的社会了。

我们每一个人都希望社会能够正视心理疾病患者在生活中的困难，对他们抱有正确的理解，同时尊重生活方式的多样化。我希望有更多的人对这些看不见的精神障碍拥有更加深刻的认识。

如果通过阅读本书，你能意识到心理疾病距离我们并不遥远，那我将不胜荣幸。与此同时，我也要衷心地感谢朝日新闻出版社媒体制作部的杉村健、编辑熊谷子，感谢他们给我提供出版此书的机会。

2021 年 12 月

水野雅文

未来，属于终身学习者

我们正在亲历前所未有的变革——互联网改变了信息传递的方式，指数级技术快速发展并颠覆商业世界，人工智能正在侵占越来越多的人类领地。

面对这些变化，我们需要问自己：未来需要什么样的人才？

答案是，成为终身学习者。终身学习意味着具备全面的知识结构、强大的逻辑思考能力和敏锐的感知力。这是一套能够在不断变化中随时重建、更新认知体系的能力。阅读，无疑是帮助我们整合这些能力的最佳途径。

在充满不确定性的时代，答案并不总是简单地出现在书本之中。“读万卷书”不仅要亲自阅读、广泛阅读，也需要我们深入探索好书的内部世界，让知识不再局限于书本之中。

湛庐阅读 App：与最聪明的人共同进化

我们现在推出全新的湛庐阅读 App，它将成为您在书本之外，践行终身学习的场所。

- 不用考虑“读什么”。这里汇集了湛庐所有纸质书、电子书、有声书和各种阅读服务。
- 可以学习“怎么读”。我们提供包括课程、精读班和讲书在内的全方位阅读解决方案。
- 谁来领读？您能最先了解到作者、译者、专家等大咖的前沿洞见，他们是高质量思想的源泉。
- 与谁共读？您将加入到优秀的读者和终身学习者的行列，他们对阅读和学习具有持久的热情和源源不断的动力。

在湛庐阅读 App 首页，编辑为您精选了经典书目和优质音视频内容，每天早、中、晚更新，满足您不间断的阅读需求。

【特别专题】【主题书单】【人物特写】等原创专栏，提供专业、深度的解读和选书参考，回应社会议题，是您了解湛庐近千位重要作者思想的独家渠道。

在每本图书的详情页，您将通过深度导读栏目【专家视点】【深度访谈】和【书评】读懂、读透一本好书。

通过这个不设限的学习平台，您在任何时间、任何地点都能获得有价值的思想，并通过阅读实现终身学习。我们邀您共建一个与最聪明的人共同进化的社区，使其成为先进思想交汇的聚集地，这正是我们的使命和价值所在。

图书在版编目（CIP）数据

帮孩子疏解小情绪，远离大烦恼 /（日）水野雅文著；吴勐译 . — 杭州：浙江科学技术出版社，2023.8
ISBN 978-7-5739-0719-6

Ⅰ . ①帮…　Ⅱ . ①水… ②吴…　Ⅲ . ①青少年—心理健康—健康教育　Ⅳ . ① G444

中国国家版本馆 CIP 数据核字（2023）第 126398 号

书　名	**帮孩子疏解小情绪，远离大烦恼**
著　者	[日] 水野雅文
译　者	吴　勐

出版发行	**浙江科学技术出版社**
	地址：杭州市体育场路 347 号　邮政编码：310006
	办公室电话：0571-85176593
	销售部电话：0571-85062597
	E-mail:zkpress@zkpress.com
印　刷	唐山富达印务有限公司

开　本	880mm×1230mm　1/32	**印　张**	5.375
字　数	135 000	**插　页**	1
版　次	2023 年 8 月第 1 版	**印　次**	2023 年 8 月第 1 次印刷
书　号	ISBN 978-7-5739-0719-6	**定　价**	69.90 元

责任编辑	余春亚	**责任美编**	金　晖
责任校对	张　宁	**责任印务**	田　文